심해深海에서 창공蒼空으로

장자 이야기

111편

심해深海에서 창공蒼空으로

장자 이야기

111편

두력杜力·두홍杜紅 편저
박종혁 외 역해

學古房

이 책에는 장자의 풍부한 상상력이 발휘되어 흥미를 자아내고 깊이를 더해 주는 우언 111편의 이야기가 담겨 있다.

장자는 노자와 더불어 중국 도가의 양대 상징이다. 노장 철학, 노장 사상이라고 일컬을 만큼 노자와 장자는 도가를 창시한 상징적 인물이다.

도가는 춘추 전국 시대 험난한 세상을 구제하기 위해서 그 방법을 제시한 전문가 집단인 제자백가 가운데 하나다. 도가는 자연의 섭리에 따라 살아가는 것을 삶의 방식으로 삼고자 했다.

지금까지 유가와 더불어 중국 문화와 사상의 근간을 지탱하며 동아시아 사회의 정신적인 뿌리로서 깊은 영향을 끼치고 있다.

오늘날 인간은 기술 혁신으로 신속함과 편리함을 누리며 수명을 대폭 연장시켰다. 그리고 자본주의 팽창으로 자산의 증대에 따른 경제적 풍요로움을 갈구하고 있다.

그러나 이 존재의 세계는 숙명적으로 빛과 그림자가 공존한다. 신속과 풍요의 편리함이라는 눈부신 빛의 이면에는 산업 개발의 후유증인 위험한 기후 환경, 시간이 갈수록 악화되고 있는 빈부의 격차, 무한 경쟁의 부산물인 불안과 초조함 같은 어두운 그림자도 함께 어른거린다.

마치 겉으로는 건강한 것 같으면서도, 속으로는 음·양의 부조화, 교감·부교감의 불균형이 원인이 되어 병이 드는 우리의 몸과도 같다.

자연의 이치를 통찰하고 이에 따르며 여유작작한 삶을 누리자고 했던 장자의 메시지는 오늘날 치열한 경쟁의 뒤안에서 부대끼는 우리들 마음 한 켠에 평온한 쉼터 하나쯤 빌려 줄 수 있을 것이다.

2천여 년 전, 전쟁으로 날을 지새우며 험난했던 전국시대 당시에는 누구에게나 전쟁의 불안과 고통을 벗어나 평화와 행복을 누리는 삶이 절실하였을 것이다. 선각적인 사상가 장자는 자연의 섭리를 통찰하고 이에 순응하는 자세에서 마음의 편안함과 자유로움이 깃든다고 여겼다. 이는 결국 갇힌 사고를 틔워 큰 지혜를 깨달아야 가능하다는 것이다.

장자는 새로운 사고의 세계로 안내하기 위해 우언이라는 효과적인 장르를 창작했는데, 이 이야기에는 흥미와 깊이라는 덤도 같이 담아주고 있다.

우언이란 다른 것에 빗대어 속뜻을 암시하는 이야기이다. 장자의 우언은 중국문학사에서 단연 선구적이고 창의적이다. 이는 중국과 한문화권 영역에서 철학, 사상, 문학, 예술에 이르기까지 커다란 영향을 끼쳤다. 장자는 자연의 이치를 간파하고 인간이 이에 순응하는 처세 방법을 제시하기 위한 방편으로 우언을 매개로 상징하고 암시하였다. 장자의 이야기에는 발상과 소재의 참신함이 한껏 돋보인다.

이 책에 소개되는 장자의 우언 111편은 그 소재들이 다양할 뿐만 아니라 이를 구성하고 전개하는 관점과 상상이 창의적이어서 장자의 천재적인 직관을 여실히 엿볼 수 있다.

장자의 사고 방향과 삶의 방식을 살펴보는 지름길로서 장자의 우언만큼 효과적인 장르를 찾아 볼 수가 없다. 장자의 우언은 깊이가 있으면서도 흥미롭게 상상을 촉발시키는 문장이 넘치기 때문이다.

이 책의 체제는 111편의 우언마다 역·저자의 제목, 번역, 풀이, 우언에서 유래된 고사성어, 원문과 독음, 해당 편명에 대한 요약 등의 순서로 이루어졌다.

역해자가 별도로 첨가한 제목은 내용을 상징적으로 요약한 것이다. 번역문에 이어지는 해설은 역자의 의견인데, 읽는 사람에 따라 관점이 다를 수 있기 때문에 장자에 대한 연구자들의 관점도 참고하고 반영하였다. 이 책의 원저는 중국의 두력, 두홍이 편저한 《장자우언선독》이다.

꽤 오래전에 원저를 초역하여 가제본으로 남겨두었다가 수년 전에야 주석만을 따로 정리하여 출간한 적이 있다.

이번에는 대학원에서 나의 장자 강의 수강생들이자 박사 과정의 지도학생인 동학들과 함께 본문을 처음부터 다시 번역하고 가다듬었다. 번역은 원문에 충실하되 현대어에서 자연스럽게 표현되도록 유의했고, 유래된 고사 성어는 원서의 내용을 그대로 밝혔다.

그간 국민대 중문과에서 장자 강의를 한 지도 벌써 30년이 되었다. 학부와 대학원에서 강의했던 장자를 이제 전공자는 물론 관심 있는 사람들과도 장자의 상상을 공감하며 우언 속에 담긴 지혜를 함께 나누고자 한다.

함축과 상징으로 점철된 장자 우언의 성격을 고려해보면 읽는 이마다 마음속의 장자를 따로 그릴 수 있을 것이다.

여백에 그림을 채워 넣듯이, 누구나 지금의 여기에서 창의롭고 다양한 해석과 상상의 나래를 펼 수 있을 것이라고 여긴다.

깊은 바닷속에서 솟구쳐 올라 높은 하늘 위로 비상하는 붕새의 여정을 동행하면서 노닐길 바란다.

2021년 여름
박종혁

| 목차 |

11

1. 소요유의 세계
곤어, 붕새가 날개 펼치다 鯤鵬展翅

북쪽 바다[북명]에 물고기가 있으니, 그 이름은 곤鯤이다. 곤의 크기는 몇 천 리 나 되는지 모른다. 그것이 변하여 새가 되니, 그 이름은 붕鵬이다. 붕의 등 길이는 몇 천 리 나 되는지 모른다. 붕이 솟구쳐 날아오르면 그 날개가 하늘을 덮은 구름과 같다. 이 붕은 바닷물이 출렁일 때 일어나는 바람을 타고 남쪽 바다로 날아가려 한다. 붕이 남쪽 바다[남명]로 날아 갈 때, 수면을 치니 파도가 삼천리나 솟구치고, 회오리바람을 타고 상공으로 구만리나 올라가는데 여섯 달을 날아가서야 쉰다.

....

작은 지혜에 매몰되어 근심과 괴로움을 벗어나지 못하는 것을 슬프게 여긴 장자는 대지大知의 세계를 향한 웅비를 드러내고 있다. 그 상상의 거대한 경지는 대붕이 남쪽 바다로 날아가는 장관을 연출하였다. 그리고 유용, 무용과 같은 구분론적 사고에 젖어있는 소지小知를 벗어날 때 비로소 최고의 성인인 지인至人의 대지大知에 이를 수 있음을 말하고 있다.

장자의 첫 이야기는 이렇게 상상력의 극대화를 통해 소요유에 이르는 과정과 경지를 보여준다. 붕새가 남쪽 바다로 상징되는 궁극지를 향해 비행하는 과정이 그려져 있다.

먼저 등장하는 북쪽 바다의 곤어는 깊고 넓고 어두운 바다의 큰 물고기로서 이는 이미 대지大知의 밑거름으로서 형상화되었다. 대지의 잠재력은 물론 환경의 조건도 지니고 있다. 잠재력과 여건이 준비 되었지만 분연히 기세등등하게 떨쳐 일어나지 않으면 물속에 머무를 수밖에 없다. 파도와 태풍의 활용을 극대화하여 구만리 상공에 이른 다음, 소요유의 경지를 향해 기나긴 비행을 할 수 있다.

여기에 이르는 과정은 만만치 않다. 곤어가 날개를 펴 삼천리 파도를 일으키고 세차게 치고 날아서 구만리 하늘에 이르는 부단한 노력을 기울여야 소요유에 이를 수 있다. 이것이 높고 크고 멀고 긴 대지大知의 세계이다.

여기 이야기에서 보이는 화化, 노怒, 사徙 등 핵심어들이 가지고 있는 상징적 의미를 살펴볼 필요가 있다. 화化는 산사람이 죽은 시체로 변한다는 뜻으로도 쓰이지만, 여기에서는 기존의 구속에서 벗어나 자유로운 삶을 살아가는 것을 상징한다. 노怒는 고정적인 틀에서 자유의 세계로 박차고 나가는 기세를 표현하고 있다. 사徙는 어둠을 상징하는 북쪽 바다에서 밝은 세계를 상징하는 남쪽 바다로 옮겨가는 것인데, 구속에서 벗어남을 나타낸다.

장자는 이러한 상징을 통해 몸은 묶여 있어도 마음으로 초탈하는 정신적 자유의 세계 즉 소요유의 경지를 제시하고 있는 것이다.

이 우언에서 유래된 고사성어

곤붕전시鯤鵬展翅, 붕정만리鵬程萬里, 만리붕정萬里鵬程, 운로붕정雲路鵬程, 부요직상扶搖直上, 붕정鵬程, 붕로鵬路, 붕단鵬搏, 붕운鵬雲, 붕도鵬圖, 곤상鯤翔, 부공扶空, 부풍扶風, 단부搏扶, 도남圖南 : 머나먼 노정

또는 사람의 앞에 끝없이 펼쳐진 앞날을 의미한다. 수년전 중국 주석
후진타오가 국내 모 언론사를 방문하여 붕정만리鵬程萬里 글씨를 선물
한 적이 있는데 이는 이와 같은 의미를 전달하려는 것이었다.

鯤鵬展翅
곤붕전시

北冥有魚, 其名爲鯤. 鯤之大, 不知其幾千里也; 化而爲鳥, 其名
북명유어, 기명위곤. 곤지대, 부지기기천리야; 화이위조, 기명

爲鵬. 鵬之背, 不知其幾千里也; 怒而飛, 其翼若垂天之雲.
위붕. 붕지배, 부지기기천리야; 노이비, 기익약수천지운.

是鳥也, 海運則將徙於南冥. 鵬之徙於南冥也, 水擊三千里,
시 조야, 해운즉장 사어 남명. 붕지사어 남명야, 수 격삼천리,

搏扶搖而上者九萬里. 去以六月息者也. 〈逍遙遊〉
단부요이상자구만리. 거이육월식자야. 〈소요유*〉

---

* 본문은 〈소요유逍遙遊〉 편에 있는 내용이다.
장자의 첫머리에 있는 소요유는 장자가 전하고자 하는 궁극적 메시지가 담겨
있다. 소요유의 의미는 대체로 '정신적인 자유의 경지, 무엇에도 구속되지 않는
자유로운 삶과 마음의 인생태도' 라고 해석되고 있다. 〈소요유〉에 담긴 우언은
주로 큰 지혜[대지大知]와 작은 지혜[소지小知]의 변별, 쓸모 있음[유용有用]과
쓸모 없음[무용無用]의 판단이 그 주제의 중심을 이루고 있다.
장자는 전국시대戰國時代라는 난세를 겪으면서 시대의 절박함 속에서 고통을 겪
는 인간들의 정신적 평안을 위한 그 자신의 철학을 '우언'이라는 문체를 통해
상징시키고 있다. '근심과 불안의 고통에서 벗어나고, 자유와 해방의 평안함'을
체득하는 길을 소요유의 우언에서 밝히고자 했다.

2. 하루살이나 팔천년이나
짧게 사는 것과 오래 사는 것 小年與大年

조균朝菌(아침에 자라났다가 저녁에 사라지는 버섯)은 아침과 저녁을 모르고, 쓰르라미는 봄과 가을을 모르나니 이것은 수명이 짧은 것이다. 초楚 나라의 남쪽에 명령冥靈이라는 거북이가 있었으니 오백 년을 봄으로 살고, 오백 년을 가을로 살았다. 상고上古 시대에 대춘大椿이라는 나무가 있었으니 팔천 년을 봄으로 살고, 또 다시 팔천 년을 가을로 살았다. 이들은 수명이 긴 것이다. 그러나 팽조彭祖가 오늘날 오래 산 것으로 특히 유명하여 뭇 사람들이 그를 부러워하니 슬프지 아니한가?

....

이 우언에서 장자는 작은 지혜를 비유하기 위해 단명을 소재로 삼았다. 일반 세상 사람들이 팽조의 장수를 갈망하는 어리석음을 장자는 슬퍼한다고 했다. 슬프다고 하는 이유는 단명으로 상징되는 작은 지혜의 세계가 장수로 상징되는 큰 지혜의 세계를 가늠할 수 없음에도, 이를 필적하려는 뭇 사람들의 근심 때문이라고 본다. 단명이라는 현실적 우환을 견디지 못하는 작은 지혜자들의 실존적 한계를 논하고 있다.

더 나아가 장자莊子는 자기 생각에 갇혀 그 너머로 나아가지 못하는 존재들을 상대적인 비교를 통해 빗대고 있다. 팔천 년을 봄으로 삼고, 팔천 년을 가을로 삼는 대춘大椿이라는 나무에 비한다면, 팽조彭祖는 얼마나 보잘 것 없는가. 그러나 인간은 그런 팽조를 부러워한다.

대춘이나 팽조 같이 장수하는 생명에 비하면 일반인은 단명한 존재일 뿐이다. 사람은 자신의 좁은 생각에 갇혀 길어보았자 백 년도 살지 못한다고 하면서 단명의 근심을 벗어나지 못한다.

장자는 이 글을 통해 단명한 사람으로 상징되는 작은 지혜를 가진 자들이, 사고의 편협함에서 벗어나지 못해 소요逍遙의 자유를 누리지 못함을 슬퍼한다.

이 우언에서 유래된 고사성어

혜고부지춘추蟪蛄不知春秋 : 쓰르라미와 매미는 여름 동안에만 살기 때문에 봄과 가을을 알지 못한다는 뜻으로 견문이 매우 좁음을 비유한 것이다. 오늘날에는 상대적인 시각으로 생각하여 바라보면 비교가 무의미하고 부질없음을 의미한다.

小年與大年
소년여대년

朝菌不知晦朔, 蟪蛄不知春秋, 此小年也. 楚之南有冥靈者,
조균부지회삭, 혜고부지춘추, 차소년야. 초지남유명령자,

以五百歲爲春, 五百歲爲秋; 上古有大椿者, 以八千歲爲春,
이오백세위춘, 오백세위추; 상고유대춘자, 이팔천세위춘,

八千歲爲秋, 此大年也. 而彭祖乃今以久特聞, 衆人匹之,
팔천세위추, 차대년야. 이팽조내금이구특문, 중인필지,

不亦悲乎. 〈逍遙遊〉
불역비호 〈소요유〉

3. 대소의 변별
작은 연못의 뱁새가 붕을 비웃다 斥鷃笑鵬

어떤 새가 있었는데, 그 이름이 붕鵬이다. 붕의 등 길이는 태산과 같고, 날개는 하늘을 덮은 구름과 같다. 양의 뿔과 같은 회오리바람을 타고 9만 리나 올라간다. 구름을 아래로 하고 푸른 하늘을 등진 다음에야 남쪽으로 날아가려고 한다. 이는 결국 남쪽 바다로 가고자 하는 것이다.

작은 연못의 뱁새가 붕을 비웃어 말하였다. "저 붕이 어디로 가려고 하는가? 나는 힘껏 뛰어올라 봤자 몇 길 오르지 못하고, 내려와서 쑥대밭 사이로 날아다닐 뿐이다. 이것이 내가 날 수 있는 극치이거늘 저 붕은 대체 어디로 가려고 하는가?"

....

여기서는 작은 것과 큰 것의 차이를 평가하고 있다. 하늘을 나는 대붕을 두고 비둘기, 매미, 메추라기들은 쓸데없는 짓이라고 비웃는다. 소지는 대지의 세계를 알 수 없다. 이 대소의 변별은 장자의 제물론적 관점에서 벗어나는 예외적인 대목이다.

안우鷃羽, 봉호익蓬蒿翼, 봉간작蓬間雀 : 오늘날에는 식견이 좁은 사람을 말할 때 쓰지만, 원래의 뜻은 상대적으로 대소를 구분하는 것은 의미가 없다는 것을 말한다.

斥鷃笑鵬
척안소붕

有鳥焉, 其名為鵬, 背若太山, 翼若垂天之雲. 搏扶搖羊角而上
유조언, 기명위붕, 배약태산, 익약수천지운. 단부요양각이상자

者九萬里, 絶雲氣, 負青天, 然后圖南, 且適南冥也. 斥鷃笑之曰:
구만리, 절운기, 부청천, 연후도남, 차적남명야. 척안소지왈:

"彼且奚適也? 我騰躍而上, 不過數仞而下, 翺翔蓬蒿之間,
"피차해적야? 아등약이상, 불과수인이하, 고상봉호지간,

此亦飛之至也, 而彼且奚適也?"〈逍遙遊〉
차역비지지야, 이피차해적야?"〈소요유〉

4. 불완전한 자유
열자, 바람을 타고 날아다니다 列子行空

열자는 아주 능란하게 바람을 타고 다닐 수 있어서 보름 이상을 날아다니다가 되돌아온다. 그는 행복을 추구하는 일에 다급해하지 않는다. 그러나 이 사람은 비록 걸어 다니는 수고는 면하였지만 여전히 의지할 바람이 있어야 한다.

....

이 이야기에 등장하는 열자는 세상의 행복에 연연하지 않고 바람을 타고 마음대로 떠다니며 자유를 누린다. 우리의 눈높이에서 바라보는 열자는 이른 바, 성인의 경지에 이르렀다고 할 수 있다. 그러나 장자의 눈높이에서 보는 열자는 아직 성인의 경지에는 이르지 못한다. 열자의 자유는 바람에 의지하여 누리는 자유이기 때문이다.

장자는 무엇에 의지하는 바가 없이 완전한 자유를 누리는 자를 지인 至人 신인神人 성인聖人이라고 하였다. 지인은 무기無己하고 신인은 무공無功하며 성인은 무명無名하다. 여기에서 무기는 자아가 없다는 뜻이 아니라 세속적 가치판단에 사로잡힌 자신을 초월한다는 의미이고, 무공과 무명은 세속적 가치를 초월함을 의미한다.

장자는 세속적 가치에 얽매여 있는 자기 자신을 초월할 때 비로소 완전한 자유를 누릴 수 있다고 여겼다. 완전한 자유를 누리는 자들은 자연의 법칙을 따르고 자연의 변화를 파악하여 무궁無窮한 경지에서 노닐기 때문에 무엇에 의지할 필요가 없다고 말한다.

이렇게 볼 때 열자는 아직 바람에 의지하여 자유를 누리므로 지인, 신인, 성인의 경지에 이르렀다고 할 수 없다는 것이다. 이 이야기는 자신이 갇혀있는 세속적 가치를 초월하여 무엇에 의지하는 바가 없는 경지에 도달할 때 비로소 무궁한 경지에서 노니는 완전한 자유를 누릴 수 있음을 시사하고 있다.

열자 이야기는 장자가 소지에서 대지에 이르는 다양한 층차를 설명하는 중간에 나온다. 개인이 가지고 있는 지식, 행실, 덕품으로써 관직, 고을, 나라를 맡을 만한 자들만큼이나 자만하는 사람들도 있다. 그러나 송영자宋榮子는 이를 하찮게 여기고 세상의 공명, 비난, 칭찬에도 아랑곳하지 않는다. 맹자에 송경宋牼이라고 나오는 인물인데, 반전평화주의자인 셈이다.

장자에서는 이보다 한 걸음 더 나아간 사람으로 열자를 평가하여 등장시킨다. 열자는 복록과 치부, 그리고 재앙에 이르기까지 무엇에도 연연하지 않고 자유로이 바람을 타고 다닌다. 그러나 그도 바람이라는 의지처 때문에 완전한 자유의 경지에 이르렀다고 할 수 없다.

이들도 거의 성인에 가깝기는 하지만 한 걸음 더 나아간 단계라야 가능하다.

그것은 즉 편견에 사로잡힌 자기를 지니고 있지 않는 지인至人, 애써 공들이지 않는 신인神人, 명예를 구하지 않는 성인聖人이라야 한다. 장자가 내세우는 무궁한 정신적 세계 속에서 자유롭게 노니는 소요유의 경지라고 할 수 있다.

列子行空
열자행공

夫列子禦風而行, 泠然善也, 旬有五日而後反. 彼於致福者,
부열자어풍이행, 영연선야, 순유오일이후반. 피어치복자,

未數數然也. 此雖免乎行, 猶有所待者也. 〈逍遙遊〉
미삭삭연야. 차수면호행, 유유소대자야. 〈소요유〉

5. 임금 자리는 손님 신세
허유가 천하를 사양하다 許由辭天下

요堯임금이 허유許由에게 천하를 양위하고자 하였다.

허유許由가 받아들이지 않고 다음과 같이 말하였다. "당신이 천하를 다스려 천하가 벌써 안정되었거늘 내가 오히려 그대를 대신한다면 나는 장차 명예만을 위하려는 것인가요? 이름은 실질의 그림자이니 내가 장차 그림자를 쫓아다녀야겠소?

뱁새가 깊은 숲 속에 깃들 때 차지한 것은 나뭇가지 하나에 불과했고, 두더지가 강물을 마실 때도 배 하나를 채우면 그만이었소.

돌아가시오, 그대여! 나는 천하로써 무엇인가를 해보려는 것이 없다오. 요리사가 제사에 쓸 음식을 만들어 주지 않을지라도, 제사를 주관하는 사람이 자기 직분을 지키지 않고 제사 그릇들을 넘어가서 주방 일을 대신하지는 않을 것이니까요!"

....

요堯는 역사상 최고의 성군으로 숭앙되는 전설적 인물이고, 허유許由는 은자隱者로 유명한 인물이다. 허유가 유가의 숭앙 인물 요 임금으로부터 잘 다스린 천하를 통채로 넘겨받는다는 것은 공명에 집착하여 실질을 놓치는 일이자, 주인 자리를 버리고 손님 자리에 앉는 짓에 불과하다.

뱁새의 나뭇가지 하나, 두더지의 물 몇 모금에 머무는 생활처럼 탐욕을 멀리하고, 자족하는 것이 장자의 생활이다. 장자는 성인 무명이라고 했다. 성인은 명예에 연연함이 없다는 것이다.

그리고 유가의 인위적 통치와 도가의 무위는 마치 부엌일과 제사 주관자의 일처럼 서로 넘나들 수 없는 아주 다른 세계의 영역이라는 점도 이 이야기를 통해서 암시하고 있다. 각기 자신의 고유한 자리에서 주어진 원리와 질서를 따르는 것이 자연스럽다.

이 우언에서 유래된 고사성어

월조대포越俎代庖, 포대庖代, 대포代庖, 초료일지鷦鷯一枝, 언서이영偃鼠易盈, 초료소림鷦鷯巢林, 불과일지不過一枝, 언서음하偃鼠飮河, 불과만복不過滿腹 : 자신의 직분을 벗어나 남의 직분이나 권한 따위를 침범하는 것을 이르는 말이다.

許由辭天下
허유사천하

堯讓天下於許由也, 許由不受, 曰: "子治天下, 天下旣已治也,
요양천하어허유야, 허유불수, 왈: "자치천하, 천하기이치야.

而我猶代子, 吾將爲名乎? 名者, 實之賓也, 吾將爲賓乎?
이아유대자, 오장위명호? 명자, 실지빈야, 오장위빈호?

鷦鷯巢於深林, 不過一枝; 偃鼠飮河, 不過滿腹. 歸休乎君!
초료소어심림, 불과일지; 언서음하, 불과만복. 귀휴호군!

予無所用天下爲! 庖人雖不治庖, 尸祝不越樽俎而代之矣." 〈逍遙遊〉
여무소용천하위! 포인수불치포, 시축불월준조이대지의." 〈소요유〉

6. 세속사를 잊었다
막고야의 신인 姑射神人

　　견오肩吾가 연숙連叔에게 말했다. "내가 접여接輿한테서 어떤 말을 들었는데 너무 터무니없고 허황하여 놀랍고 두렵기까지 하였네. 그 말이 마치 하늘의 은하수처럼 끝이 없고 현실과 크게 어긋나며 사람의 실정에도 맞지 않았기 때문이었네." 연숙이 물었다. "그가 무슨 말을 하던가?"

　　견오가 대답했다. "막고야藐姑射라는 산에 신인神人이 살고 있었는데 살결이 눈처럼 희고 아름다운 모습이 처녀와 같으며, 오곡을 먹지 않고 바람과 이슬을 마시고 살며, 구름을 타고 비룡飛龍을 부리며 사해 밖에서 노닌다고 하였네. 그 정신이 응집하면 만물이 병들지 않으며 해마다 곡식이 잘되어 풍년이 든다고도 하였네. 나는 이 말이 속이는 말이라고 여겨져 믿을 수 없네."

　　연숙이 말했다. "음, 장님은 아름다운 색깔과 무늬의 미관을 함께 감상할 수 없고, 귀머거리는 꽹과리와 북의 가락을 함께 들을 수 없네. 어찌 육체에만 장님과 귀머거리가 있는가? 마음의 지혜에도 장님과 귀머거리가 있다네. 이러한 말은 바로 자네를 두고 말한 말일세.

　　막고야에 있는 신인의 덕은 만물을 혼합하여 하나로 되게 한다네. 천하가 잘 다스려지기를 세상 사람들은 바라지만 신인이 무엇하러 수고롭게 세상의 속된 일을 자기의 일로 삼겠는가!

어떠한 사물도 신인을 다치게 할 수 없네. 큰 홍수가 들어 하늘까지 이르러도 그를 빠지게 할 수 없고, 큰 가뭄이 쇠와 돌을 녹이고 흙과 산을 태워도 그를 뜨겁게 하지 못한다네.

신인은 쓸모없는 것을 가지고 요임금이나 순임금 같은 성왕도 배양할 수가 있네. 그렇지만 무엇하러 세상의 속된 일을 자기의 일로 삼겠는가!"

....

장자가 소요유 세계의 이상적 유형과 경지로서 신인神人의 무공無功, 성인聖人의 무명無名, 지인至人의 무기無己를 제시하였다. 그 중에서도 여기서는 신인의 무공을 이야기하고 있다.

접여의 말을 인용하는 형식이다. 접여는 바로 《논어·미자》에 나오는 미치광이 취급을 받는 괴인이다. 세상에 대해 어떤 것도 요구하지 않고 쓰여지는 것도 바라지 않는다. 그러므로 아무것에도 걸림이 없는 미치광이의 자질을 가게 된 것이다.

그의 입을 통해 전해지는 신인은 만물을 포용하여 하나로 융합시키고 빚어낼 수 있다. 불가사의한 공로를 세울 수는 있지만, 세상을 다스려 공이 드러나는 일을 맡지 않는다.

물론 현실세계에 존재할 수 없는 이 우언의 상징성은 무엇일까? 신인과 같은 대지大知의 세계는 소지인小知人들이 도달할 수 없는 경지에 있으며, 무한한 능력을 갖추고 외부의 어떠한 사물에도 손상 받지 않는다. 신인은 통치 행위를 무가치한 일로 여기고 거들떠보지도 않는다.

장자는 일반 제후의 지위와 통치를 부정하고 무시하는 자세를 유지한다. 그러면서도 이를 가치 있는 일로 여기지만 이루지 못해서 괴로워하는 자들의 걱정을 덜어주고자 한 의도가 보인다.

姑射神人 고야신인

肩吾問於連叔曰 : "吾聞言於接輿, 大而無當, 往而不反. 吾驚怖
견오문어연숙왈 : "오문언어접여, 대이무당, 왕이불반. 오경포

其言, 猶河漢而無極也, 大有逕庭, 不近人情焉." 連叔曰 : "其言
기언, 유하한이무극야, 대유경정, 불근인정언." 연숙왈 : "기언

謂何哉?" 曰 : "藐姑射之山, 有神人居焉, 肌膚若冰雪, 淖約若處子,
위하재?" 왈 : "막고야지산, 유신인거언, 기부약빙설, 작약약처자,

不食五穀, 吸風飲露. 乘雲氣, 御飛龍, 而遊乎四海之外. 其神凝,
불식오곡, 흡풍음로. 승운기, 어비룡, 이유호사해지외. 기신응,

使物不疵癘而年穀熟. 吾以是狂而不信也." 連叔曰 : "然! 瞽者無
사물부자려이년곡숙. 오이시광이불신야." 연숙왈 : "연, 고자무

以與乎文章之觀, 聾者無以與乎鍾鼓之聲. 豈唯形骸有聾盲哉?
이여호문장지관, 농자무이여호종고지성. 기유형해유농맹재?

이여호문장지관, 농자무이여호종고지성. 기유형해유롱맹재?

夫知亦有之. 是其言也, 猶時女也. 之人也, 之德也, 將旁礴萬物
부지역유지. 시기언야, 유시여야. 지인야, 지덕야, 장방박만물

以為一, 世蘄乎亂, 孰弊弊焉以天下為事! 之人也, 物莫之傷,
이위일, 세기호란, 숙폐폐언이천하위사! 지인야, 물막지상,

大浸稽天而不溺, 大旱金石流, 土山焦而不熱. 是其塵垢粃糠,
대침계천이불닉, 대한금석류, 토산초이불열. 시기진구비강,

將猶陶鑄堯舜者也, 孰肯以物為事! 〈逍遙遊〉
장유도주요순자야, 숙긍이물위사! 〈소요유〉

7. 팔리지 않는 모자
송나라 사람이 모자를 팔러 월나라에 가다 宋人章甫

송宋나라 사람이 장보章甫[은조殷朝시대 모자의 일종]를 팔려고 월越나라로 갔는데, 월나라 사람들은 머리를 짧게 깎고 문신을 하였으므로 그것을 쓸 필요가 없었다.

....

송나라에서 전통적으로 쓸모 있던 모자도 월나라에서는 무용지물이었다. 위의 이야기는 자기중심적 세계관으로 모든 가치를 판단하려는 편협함을 지적하고 있다. 사물의 가치란 절대적이지 못하고 시간과 공간에 따라 다르다. 또 그것을 바라보는 사람의 입장이나 가치관에 따라서 다르기도 하다. 유용과 무용이란 이렇게 상대적일 수밖에 없다.

이 사회에서 추구할 가치가 있다고 판단하는 공명功名 역시 세속적 가치를 뛰어넘어 무궁無窮함에서 노니는 사람들에게는 별 가치가 없다. 천하를 훌륭하게 통치하는 것을 궁극의 사명으로 여기는 요의 통치 행위는 자신조차 잊고 사는 신인이나 허유 같은 사람에게는 무용지물이 되는 것이 마치 모자의 쓰임새와도 같다.

덧붙이자면, 장자 원문에서 이 이야기의 뒤에는 천하의 만민을 다스려 사해四海안의 정치를 태평하게 하고자 막고야藐姑射 산을 찾는 요堯 임금의 이야기가 이어진다. 요임금은 막고야 산을 찾아서 네 신인을 만나보고 분수 북쪽으로 돌아와서는 그만 멍하니 천하 다스릴 일을 잊게 된다.

여기에서 '천하를 다스리는 일'은 송나라 사람의 '장보'와 같은 맥락으로 이해할 수 있다. 세속을 초월하여 무궁의 경지에서 노니는 신인에게 '천하를 다스리는 일'은 한낱 불필요한 '장보'에 지나지 않기 때문이다. 그러므로 요堯가 막고야 산의 네 신인을 만나보고 천하 통치를 잊었다는 것은 네 신인에게 감화되어 자기중심적 가치관에 얽매여 있던 자신도 잊었음을 의미한다.

장자는 이렇게 자기 자신을 잊는 것을 무기無己라 하였고 이러한 경지에 이른 자를 지인至人이라고 하였다. 이는 자기중심적 가치관에 얽매여 있는 자신을 깊이 성찰하고 그것을 초월할 때 비로소 궁극에서 노니는 완전한 자유를 누릴 수 있음을 역설한 것이다.

이 우언에서 유래된 고사성어

단발문신 斷髮文身 : 오늘날에는 전통적인 유가의 관점으로 보아 야만적인 풍습의 치장과 외형을 뜻한다. 그러나 이 고사성어의 원래의 뜻은 요·순堯·舜이 펼친 통치기술도 장자의 걸림이 없는 소요유의 세계에서는 아무런 쓸모가 없음을 뜻한다.

宋人章甫
송 인 장 보

宋人資章甫而適諸越, 越人斷髮文身, 無所用之.〈逍遙遊〉
송 인 자 장 보 이 적 저 월, 월 인 단 발 문 신, 무 소 용 지.〈소 요 유〉

8. 크면 큰대로
큰 것을 잘 사용할 줄 모른다 拙於用大

혜자가 장자에게 말했다. "위나라 양혜왕이 내게 준 큰 박씨를 심었더니 다섯 가마를 담을 만큼 자랐네. 여기에 물과 장을 채웠더니, 마음대로 들 수가 없었지. 쪼개어 바가지를 만드니 너무 납작하여 아무것도 담을 수가 없었네. 그리고 너무 크게 비어있어서 나는 쓸모없다고 여겨 때려 부수었다네."

장자가 말했다. "그대는 확실히 큰 물건을 잘 사용할 줄 모르네. …… 지금 그대는 다섯 가마를 담을 수 있는 큰 박을 가지고 있으면서도, 허리춤에 매는 동이처럼 강에서 띄우며 놀지 않고 그 박이 커서 쓸모 없음을 시름 하는가. 그렇다면 그대는 여전히 쑥처럼 꽉 막힌 것이지!"

....

똑같은 박을 두고 명가의 혜자는 쓸모가 없다고 말하고 도가의 장자는 쓸모가 있다고 말한다. 같은 물건이지만 혜자는 일상적이고 관습적인 생각에 매여 쪼개서 작게만 사용하려고 했고, 장자는 박의 특질을 그대로 살려서 큰 채로 자연스럽게 사용하는 것이라고 했다.

혜자는 박이 물과 장을 담는 물건이라는 고정적인 틀에 갇혀 다른 용도로 쓰지 못한다고 여겨서 쪼개어버렸다. 그러나 장자는 큰 박을 그대로 강에 띄워 이용할 수 있다고 했다.

장자는 자연적인 본성을 따라서 쑥대처럼 꽉 막힌 마음, 즉 봉지심蓬
之心을 벗어나 자유로운 사고를 지녀야 된다는 암시가 이 글에 내포되
었다. 유연한 사고는 기존의 고정적인 인식의 틀을 깨고 넓은 시야를
지닐 때 가능한 것이다

꼼꼼하게 명실일치의 논리를 따지는 현실주의 학파인 명가에 속한
혜자는 허황되고 이상주의라고 여기는 장자를 비판하기 위해서 큰 박을
예로 들어 시비를 건 것이다. 이에 장자는 큰 박을 크기만 하고 쓸모없
다고 여기는 명가 학파인 혜자의 고착적이고 단선적인 사유에 대해서
유연하고 개방적인 사고로 임하면 쓸모가 생기는 것이라고 지적해주고
있다.

여기서 혜자는 기존의 관례대로 익숙한 실용을 그대로 박에게 적용
시켰다. 반면 장자는 사물 그 자체의 속성을 파악하여 거기에 맞는 방식
으로 용도를 생각한 것이다. 사물을 부리고 사용하는 자의 사고방식에
따라 사물의 쓰임새도 변별된다.

물건을 쪼개서 작게 쓰려고 하는 혜자의 막힌 생각을 장자는 크고
넓게 바라보는 관점을 통해 무용도 오히려 유용으로 전환시킬 수 있음
을 강조하고 있다. 명가학파와 도가학파간의 쟁점을 비교해볼 수 있는
이야기다.

이는 비단 물건에만 국한되지 않을 것이다.

이 우언에서 유래된 고사성어

대호지용大瓠之用, 졸어용대拙於用大 : 똑같은 사물이라 하더라도 다른
인식을 가지면 다른 용도를 드러내므로 고정관념에 갇히지 않아야 한
다는 것이다.

拙於用大
졸어용대

惠子謂莊子曰: "魏王貽我大瓠之種, 我樹之成, 而實五石; 以盛
혜자위장자왈: "위왕이아대호지종, 아수지성, 이실오석; 이성

水漿, 其堅不能自擧也. 剖之以爲瓢, 則瓠落無所容. 非不呺然
수장, 기견불능자거야. 부지이위표, 즉호락무소용. 비불효연

大也, 吾爲其無用而掊之." 莊子曰: "夫子固拙於用大矣. ……
대야, 오위기무용이부지." 장자왈: "부자고졸어용대의. ……

今子有五石之瓠, 何不慮以爲大樽而浮乎江湖, 而憂其瓠落無
금자유오석지호, 하불려이위대준이부호강호, 이우기호락무

所容? 則夫子猶有蓬之心也夫!" 〈逍遙遊〉
소용? 즉부자유유봉지심야부!" 〈소요유〉

9. 세탁소와 영지의 선택
손을 트지 않게 하는 약 不龜手藥

송나라 사람 중에 손을 트지 않게 하는 약을 잘 만드는 사람이 있었다. 그는 대대로 그 약을 사용하여 솜 빨래를 생업으로 삼았다. 어떤 나그네가 그 소식을 듣고 그 약 만드는 비방을 일백 금(현재 화폐로 20억에 해당됨)에 팔기를 청하였다.

그 송나라 사람은 가족을 모아 의논하였다. "우리는 대대로 솜을 빨았으나 몇 금정도 밖에 벌지 못하였다. 그런데 이제 하루아침에 그 기술을 일백 금에 팔 수 있게 되었으니 이를 팔아넘기고 싶다."

그 나그네는 이 비방을 얻어서 오나라 왕을 설득하러 갔다. 마침 월나라가 군사를 일으켜 오나라를 침략하자 오나라 왕은 그 나그네에게 군대를 거느리도록 하였다. 겨울에 월나라 사람들과 수전水戰을 벌여 월나라 사람들을 크게 패퇴시켰다. 이에 오나라 왕은 그에게 토지를 나누어 봉해 주었다.

손을 트지 않게 할 수 있는 것은 한 가지였다. 그러나 어떤 이는 이것을 사용하여 작위에 봉해지고, 어떤 이는 솜을 빨래하는 일에서 벗어나지 못하였다. 이것은 그것을 사용하는 관점이 달랐기 때문이다.

앞의 박 이야기와 같은 이치로서 쑥대처럼 굽어지고 막힌 혜시의 마음을 비판하고 있다. 장자 논리의 주안점은 하나의 기술을 세탁에 이용하느냐 전쟁에 이용하느냐 보다는 시야를 작게 지니는가 크게 지니는가에 있다. 편협함과 고정관념을 버려야만 전체를 조망하며 넓게 바라볼 수 있고 이를 가치 있게 활용할 수 있는 안목이 생기게 된다.

더 나아가 사물이나 사람이 크지만 쓸모없이 취급당하는 세속의 걱정거리를 해소시키려는 의도가 내포되어 있다.

장자의 창의성은 없던 것을 만드는 게 아니다. 이제까지 알던 것 있던 것을 새롭게 보는 주는 것이다. '낯설게 하기'라는 새롭게 보여주기인 것이다. '맥락적 사고'란 어떤 대상이 있으면 그 대상이 어떤 맥락에 있는가를 파악해서 딴 곳으로 옮겨주는 능력인 것이다. 어느 순서 어떤 맥락에 있는가에 따라서 의미가 달라지는 것이다. 이것이 장자의 창의적 능력의 핵심이다. 이는 사업에서도 산견된다. 바로 미국에서 군용 텐트 납품업자가 갑자기 판로가 막히자 광부들의 거친 작업복인 청바지로 전환해서 부호가 된 사례가 이와 유사하다.

이 우언에서 유래된 고사성어

불균약不龜藥, 불균수不龜手, 균수龜手, 병벽약洴澼藥 : 똑같은 사물을 누가, 언제, 어떻게 사용하고 활용하느냐에 따라 그 가치가 달라질 수 있다는 것을 뜻하는 말이다.

不龜手藥
불균수약

宋人有善爲不龜手之藥者, 世世以洴澼絖爲事. 客聞之, 請買其
송인유선위불구수지약자, 세세이병벽광위사. 객문지, 청매기

方百金. 聚族而謀曰: "我世世爲洴澼絖, 不過數金. 今一朝而鬻
방백금. 취족이모왈: "아세세위병벽광, 불과수금. 금일조이육

技百金, 請與之." 客得之, 以說吳王. 越有難, 吳王使之將. 冬與
기백금, 청여지." 객득지, 이세오왕. 월유난, 오왕사지장. 동여

越人水戰, 大敗越人, 裂地而封之. 能不龜手一也, 或以封, 或不
월인수전, 대패월인, 열지이봉지. 능불균수일야, 혹이봉, 혹불

免於洴澼絖, 則所用之異也. 〈逍遙遊〉
면어병벽광, 즉소용지이야. 〈소요유〉

36

10. 무용지물의 쓸모
가죽나무의 쓸모 없음을 근심하다 患樗無用

혜자가 장자에게 말했다. "내가 살고 있는 집에 큰 나무가 있는데, 사람들은 그 나무를 가죽나무라고 부르네. 그 큰 줄기가 울퉁불퉁하여 먹줄에 맞출 수 없고, 그 작은 가지가 구부러져 있어서 자를 갖다 댈 수가 없다네. 길가에 서 있어도 목수가 쳐다보지도 않네."

그러자 장자가 혜자에게 대답하였다. "지금 자네는 큰 나무를 가지고 있으나, 그것이 쓸모가 없다고 근심하고 있네. 어찌 그 큰 나무를 아무 것도 없는 지방의 넓고 큰 들판에 심어 놓고 그 나무 곁에서 한가로이 노닐거나 그 나무 아래에서 유유자적하게 낮잠을 잘 생각을 하지 않는가? 도끼에 일찍 찍힐 염려도 없을 것이고 어떤 사물도 그 나무를 해치는 자가 없을 것이니, 어느 곳에선들 괴롭겠는가?"

·····························

이 이야기는 앞의 두 이야기와 연속되는 것으로서 대이무용大而無用과 무용지용無用之用에 관한 이야기이다. 혜자는 가죽나무의 줄기가 울퉁불퉁하여 먹줄에 맞출 수 없고, 작은 가지가 구부러져 있어서 자를 갖다 댈 수가 없기에 대이무용大而無用이라고 주장한다. 대이무용은 크기만 했지, 쓸모가 없다는 뜻이다.

반면, 장자는 가죽나무가 쓸모가 없기 때문에 도끼에 일찍 찍힐 염려도 없고 어떤 사물도 그 나무를 해치는 자가 없어서 천수를 누릴 수 있으므로 무용지용無用之用이라고 주장한다. 무용지용은 쓸모가 없어 보이는 것도 쓸모가 있다는 뜻이다.

즉 보는 관점에 따라 무용과 유용에 관한 인식은 다를 수 있다는 것이다. 장자는 기존의 사고방식에 기대어 급급하는 가치추구를 환기시키고 있다. 기성의 가치관에 갇힌다면 스스로 자신의 독립적이고 자주적인 정신세계를 확보하지 못한다.

여기서 장자는 가죽나무를 어떠한 사물도 간섭하는 것이 없이 유유자적하게 천수를 누릴 수 있는 무하유지향無何有之鄕이라는 소요유의 정신세계의 요소로 인식하고 있다.

기존의 사회적 가치관을 던져 버리고, 드넓은 세계에서 어떠한 인위나 목적을 버리고 유유자적하며, 아무런 위험이나 침해당하지 않고 소요하며 평화와 안락의 세계에 자신을 누이는 것이다. 이것이 장자가 추구하고 했던 진정한 소요유의 세계다.

이 우언에서 유래된 고사성어

저산樗散, 산저散樗, 장저莊樗, 저재樗材, 저산재樗散材 : 오늘날에는 아무짝에도 쓸모없는 것이라는 뜻으로 쓰이지만, 원래의 뜻은 한쪽 시각에서는 쓸모없지만 다른 한쪽 시각에서는 쓸모가 있다는 뜻이다.

患樗無用
환저무용

惠子謂莊子曰: "吾有大樹, 人謂之樗. 其大本臃腫而不中繩墨,
혜자위장자왈: "오유대수, 인위지저. 기대본옹종이부중승묵,

其小枝卷曲而不中規矩; 立之塗, 匠者不顧." 莊子曰: "今子有大樹,
기소지권곡이부중규구; 립지도, 장자불고." 장자왈: "금자유대수,

患其無用, 何不樹之於無何有之鄕, 廣莫之野, 彷徨乎無爲其側,
환기무용, 하불수지어무하유지향, 광막지야, 방황호무위기측,

逍遙乎寢臥其下. 不夭斤斧, 物無害者, 安所困苦哉!" 〈逍遙遊〉
소요호침와기하. 불요근부, 물무해자, 안소곤고재!" 〈소요유〉

11. 날뛰다가 덫에 걸린 신세
살쾡이와 족제비의 말로 狸狌下場

장자가 혜시에게 말했다. "자네는 홀로 살쾡이나 족제비를 보지 못하였는가? 몸을 낮추고 숨어있으면서, 돌아다니는 작은 동물을 노린다네. 날뛰며 잡아채면서 높고 낮음을 가리지 않지. 그러다가 결국 사람이 쳐 놓은 덫에 걸려들거나, 그물에 잡혀 죽게 된다네."

....

앞의 가죽나무 이야기 속에 들어있는 내용이다. 본 장에 등장하는 살쾡이나 족제비는 눈 앞에 보이는 유용有用함만을 추구하는 인간을 상징한다. 장자는 살쾡이나 족제비가 눈 앞의 사냥감을 분주하게 쫓다가 결국 덫이나 그물에 걸려 죽게 되듯이 인간 역시 눈 앞의 유용함만을 분주하게 쫓는다면 결국 위험에 빠지게 된다고 말한다. 이는 재목材木으로 쓸 수 있는 나무가 도끼의 위협을 피하지 못하는 이치와 맥을 같이 한다. 도끼의 위협이 도사리고 있는 유용함이 진정한 유용함인가?

앞의 이야기에서 장자는 커다란 가죽나무가 쓸모없다[大而無用]고 논하는 혜자에게 오히려 무용이 소요의 세계일 수 있다고 주장하였다. 인위人爲의 틀에 갇힌 인식의 한계를 초월하여 무위無爲의 큰 쓸모를 누릴 것을 제시하고 있는 것이다. 여기에서 우리는 도끼의 위협이 없는 무용

無用이야 말로 큰 유용[無用大用]이라고 주장한 장자의 의도를 깨달을 수 있다.

장자는 위의 살쾡이와 족제비의 이야기를 통해 현상세계에 얽매인 좁은 식견으로 판단하는 유용의 위험성과 한계를 지적하며, 인식의 한계를 초월하여 키 큰 가죽나무와 같이 소요逍遙의 경지에서 무용의 큰 쓸모를 누릴 것을 역설하고 있는 것이다.

세속의 실리적인 이익에 골몰하여 경쟁에 몰입하다 보면 이익의 추구를 위해 분주하게 지략을 발휘하려고 한다. 그래서 쓸모 있는 존재로 부각된다. 그 쓸모 있음을 무기로 지위와 이득을 확보하고 활약하다가 때로는 하나밖에 없는 생명과 바꾸게 되기도 한다. 장자는 이렇게 세상의 이익 추구에 매우 쓸모 있는 존재들도 무용의 끝으로 전락될 수 있는 위험을 경고하여 사물 이면의 무용지용을 바라보라고 권한다.

狸狌下場
리성하장

子獨不見狸狌乎? 卑身而伏, 以候敖者.; 東西跳梁, 不辟高下.
자독불견리성호? 비신이복, 이후오자.; 동서도량, 불피고하.

中於機辟, 死於罔罟. 〈逍遙遊〉
중어기벽, 사어망고. 〈소요유〉

12. 아침에 세 개 저녁에 네 개
원숭이 사육사가 도토리를 나누어 주다 狙公賦芧

원숭이를 기르는 사람이 원숭이들에게 도토리를 나누어 주면서 "아침에 세 개, 저녁에 네 개 주겠다."라고 말했다. 원숭이들은 모두 분노했다. 그래서 다시 "그렇다면 아침에 네 개, 저녁에 세 개 주겠다."라고 말했다. 원숭이들은 모두 기뻐했다.

....

도토리라는 명칭, 하루에 7개라는 내용은 변함이 없다. 단지 조석으로 숫자의 이동만이 있을 뿐이다. 본질은 그대로인 채 현상만 변했을 뿐인데, 그에 따른 분노와 기쁨이 작동되었다. 왜 전체를 보지 않고 짧게 계산하고 기복의 감정을 갖는 것일까? 인간들의 분별하고 계산하며 제한된 현상에 빠지는 함정을 원숭이에 비유했을 뿐이다.

아침에 세 개를 주려는 저공과 아침에 네 개를 받고자 하는 원숭이들이 대립한다. 그러나 이들의 갈등은 무의미하다. 도토리라는 명칭, 하루에 7개는 변함이 없기에 본질은 그대로인 채 현상만 변했기 때문이다.

그럼에도 원숭이들은 아침저녁 도토리 숫자의 이동에 따라 분노하고 기뻐했다. 전체를 보지 않고 짧게 계산하며 눈앞의 현상에 급급했기 때문이다.

조삼모사朝三暮四, 조사모삼朝四暮三, 저공완狙公玩, 저공분율狙公分栗,
저공도서狙公倒芧, 부서희저賦芧戱狙, 삼사조저三四調狙 : 오늘날에는
간사한 꾀를 써서 남을 속인다는 뜻으로도 쓰인다. 그러나 원래의 뜻은
본질은 변함이 없으나 현상적 차이만이 있고 이에 따라 희노애락, 시비
가 달라진다는 뜻이다.

狙公賦芧
저공부서

狙公賦芧曰: "朝三而暮四." 衆狙皆怒, 曰: "然則朝四而暮三."
저공부서왈: "조삼이모사." 중저개노. 왈: "연즉조사이모삼."

衆狙皆悅. 〈齊物論〉
중저개열. 〈제물론*〉

---

* 본문은 〈제물론齊物論〉 편에 있는 내용이다.
　제물론은 삼라만상의 본성을 평등하다고 여기고 만물을 가지런하게 여긴다는
논리이다. 장자는 인간의 삶이 자연의 주재자에 의해 분수가 정해졌고, 인간도
만물의 영장이 아닌 만물의 부분일 뿐이라고 여긴다. 따라서 타 생명체와 차별되
는 인류라는 인식 역시 인식 주체자의 자아 중심적 편견일 뿐이며, 근원적으로
타인과 구분되는 특별한 자신도 있을 수 없다는 것이 장자의 생각이다. 장자는
자아 중심의 닫힌 사고를 개방시키고 만물에 내재된 고유의 가치와 의의를 관조
하여 대립적인 두 개념의 경계선을 뛰어넘는 인식 방법론을 제시하고 있다. 기존
의 인간 중심적이고 자아 중심적인 시비의 질곡을 끊어내어 현실적인 삶의 비애
로부터 해방되기를 갈구한 것이 제물론의 요체다.

13. 열 개의 태양이 비추다
요가 순에게 묻다 堯問於舜

옛날에 요堯가 순舜에게 물었다. "내가 종宗, 회膾, 서오胥敖 세 나라를 치려고 계획하니까 조정에 참석해도 마음이 석연치 않다. 그 까닭이 무엇일까?" 순舜이 이렇게 대답하였다. "저 세 나라는 쑥대밭 사이에 있는 미개한 작은 나라인데 신경 쓸 필요가 어디에 있겠습니까? 옛날에 태양 열 개가 함께 떠올라서 만물을 모두 비춘 적이 있습니다. 하물며 지금 임금님의 덕행의 빛남이 태양을 능가하고 있는데 무엇이 개운치 않으십니까!"

....

요는 자연스럽게 살아가는 세 약소국이 복종하지 않아서 토벌하려고 한다. 전후의 문맥으로 보건대 요는 이 세 국가를 미개국이라고 차별하여 업신여겼고, 세 약소국은 요임금으로부터 차별을 받았다고 여겨 저항한 것 같다. 요는 이들을 덕으로서가 아니고 무력으로 치려고 하니 그 자신도 천하를 다스리는 왕으로서 캥기는 구석이 있었다.

요의 덕은 하늘에 태양이 열 개 떠 있는 것보다 더 밝아서 만물을 구분하여 차별할 것이 없어야 된다면서 순이 추켜세웠다. 하늘에 열 개의 태양이 있었다는 것은 모든 것을 두루 비추어 구분이 없어 밝고 열려 있으니 차별도 없다는 것을 비유하였다. 순은 태양처럼 밝고 열린 마음의 덕으로 한계와 차별을 뛰어넘어야 한다고 충고한 것이다.

　만물을 비추는 열 개의 태양의 빛, 이보다 더한 요의 덕은 바로 장자가 주장하는 하늘의 창고[천부天府]처럼 아무리 부어도 차지 않고 아무리 퍼내도 마르지 않는 경지이자 그 연유조차 알 수 없어서 화광동진和光同塵과 같은 보광葆光의 세계라고 일컬을 만하다. 열린 마음으로 세상을 보면 구분이나 경계는 무의미하다. 인간은 갖가지 구분과 경계와 틀로써 스스로를 옥조이고 있다. 장자는 사람의 마음이 시비를 논쟁하는 소용돌이 속에 휘말려 자유를 놓치고 있음을 비판하고 있다. 대도라는 것은 원래 경계가 없는 것이다.

堯問於舜
요문어순

故昔者堯問於舜曰: "我欲伐宗、膾、胥敖, 南面而不釋然.
고 석자 요 문 어 순 왈: "아 욕 벌 종, 회, 서 오, 남 면 이 불 석 연.

其故何也?" 舜曰: "夫三子者, 猶存乎蓬艾之間. 若不釋然, 何哉?
기 고 하 야?" 순 왈: "부 삼 자 자, 유 존 호 봉 애 지 간. 약 불 석 연, 하 재?

昔者十日竝出, 萬物皆照, 而況德之進乎日者乎!" 〈齊物論〉
석 자 십 일 병 출, 만 물 개 조, 이 황 덕 지 진 호 일 자 호!" 〈제물론〉

14. 포로에서 왕비로
여희가 시집가다 麗姬出嫁

여희는 애娞라는 지역의 국경 경비를 주관하는 관리의 딸이다. 진나라 왕이 그녀를 처음 포로로 잡아왔을 때 그녀는 옷깃이 흠뻑 젖도록 울었다. 그러나 그녀가 왕궁에 이르러 왕과 함께 화려한 침대를 쓰고, 맛있는 음식을 먹고 나서 비로소 자신이 울었던 것을 후회했다.

....

여희가 아직 겪어보지 못한 세계를 모르고 두려워했지만, 알고 보니 그것은 잘못된 예측이었음을 후회했다. 패전국의 포로로 잡혀 갈 때는 하늘이 무너지듯이 앞이 캄캄했지만, 막상 왕의 여자가 되어 호사를 누리고 나니 그것은 기우였다고 후회했다. 우리는 현실의 삶에서 행 불행을 예측하기 어렵다. 우리의 삶 뿐만이 아니라 우리의 앎의 불확실성도 마찬가지다. 경험해보지 못한 세계에 대한 막연한 불안과 근심이 우리를 얼마나 힘들게 하는가.

생명체에게 가장 큰 두려움은 죽음이다. 그러나 죽음이 싫은 것이지만, 막상 죽고 나면 더할 나위 없이 좋아서 죽음을 싫어했던 것을 후회할 수도 있다는 이야기를 장자는 여기에 덧붙이고 있다. 심지어 장자는 "사람이 죽은 후에는 생전에 더 살고 싶어 했던 것을 후회할는지도 모른다."고 이야기할 정도다. 장자는 삶과 죽음도 변화속의 한 과정이자 필연적인 자연의 현상일 뿐이라고 한다. 이것에 직면하여 긍정했을 때 죽음에 얽매인 두려움의 감정적 구속을 던져버릴 수 있기 때문이다.

麗姬出嫁
여희출가

麗之姬, 艾封人之子也. 晉國之始得之也, 涕泣沾襟.
여지희, 애봉인지자야. 진국지시득지야, 체읍점금.

及其至於王所, 與王同筐牀, 食芻豢, 而後悔其泣也. 〈齊物論〉
급기지어왕소, 여왕동광상, 식추환, 이후회기읍야. 〈제물론〉

15. 그림자의 그림자
곁 그림자가 그림자에게 묻다 罔兩問景

　곁 그림자가 그림자에게 물었다. "조금 전 그대는 가다가 지금은 멈추었다. 또 조금 전 그대는 앉았다가 지금은 일어났다. 어찌 그렇게 유달리 지조가 없는가?" 그림자가 말했다. "내가 의지하는 대상이 있어서 그러한가? 내가 의지하는 대상 또한 그 의지하는 대상이 있어서 그러한가? 내가 의지하는 대상은 뱀의 비닐이나 매미의 날개와 같은 것인가? 내가 어찌 그러한 까닭을 알겠으며, 어찌 그러하지 않은 까닭을 알겠는가?"

....

　본 이야기는 그림자를 의인화한 우언이다. 사물의 형체에 생기는 그림자와 그 그림자에 의해 생기는 바깥쪽 곁 그림자의 문답을 빌어 모든 만물이 궁극적으로 의지하는 바가 무엇이고 왜 그러한지를 언급하려고 했다.

　현상적으로 거슬러 올라가보면 그림자 바깥쪽의 희미한 그림자는 그림자에게 의지하고, 그 그림자는 다시 사물의 형체에 의지하는 것이다. 그 사물의 형체 또한 의지하는 대상이 있어 그것에 의지하여 움직이게 된다. 모든 사물은 종속적으로 연속되어 있다는 것을 보여주고 있다. 그러나 이렇게 의지하는 바를 쫓아 거슬러 올라간다고 해도 그 끝을 알 수 없다.

원래 그림자란 실체가 아니라 허상이다. 그런데 여기서 그림자는 곁 그림자의 실체로 등장한다. 이 같은 논리라면 우리 몸뚱이라는 실물도 또 다른 실체의 허상일 수 있는 것이다. 실물의 존재적 근거를 끊임없이 파고들거나, 반대로 허망한 허상의 존재를 파고들면 결국 연속적으로 저절로 생기고 저절로 변화하는 자생자화라는 것이 장자의 생각이다. 사물이 아무것에도 의존하지 않고 그 자체로 자연스럽게 존재하는 것, 즉 무대無待이다. 따라서 연속적인 상황 전개의 소이도 알 수 없는 것이다.

그림자는 그저 대상의 흐름에 따라 무심無心하게 저절로 움직이고 있는 것이다. 다시 말하자면, 그림자는 현상적 원인에 의해 움직이는 것이 아니라, 우리가 알 수 없는 궁극적인 자연의 주재자, 즉 도道에 의해서 움직이고 있다.

하물며 그림자 뿐이겠는가? 장자는 본 이야기를 통해 세상 만물은 결국 자연의 이치에 의지되어 생기고 변화한다는 것을 시사하고 있다. 이러한 의미에서 세상 만물은 모두 도道의 그림자라고 할 수 있다.

罔兩問景
망량문영

罔兩問景曰: "曩子行, 今子止. 曩子坐, 今子起. 何其無特操與?"
망량문영왈: "낭자행, 금자지. 낭자좌, 금자기. 하기무특조여?"

景曰: "吾有待而然者邪? 吾所待, 又有待而然者邪?
영왈: "오유대이연자야? 오소대, 우유대이연자야?

吾待蛇蚹蜩翼邪? 惡識所以然? 惡識所以不然?" 〈齊物論〉
오대사부조익야? 오식소이연? 오식소이불연?" 〈제물론〉

16. 나비처럼 날아가서
장주가 나비가 되는 꿈을 꾸다 莊周夢蝶

옛날에 장주가 나비가 되는 꿈을 꾸었다. 훨훨 날아다니는 나비였는데, 저절로 기분 좋고 마음에 들어 자신이 원래 장주임을 알지 못했다. 문득 나비가 깨어나 보니 놀랍게도 다시 장주였다.

장주가 꿈을 꾸어 나비가 된 것인지, 나비가 꿈을 꾸어 장주가 된 것인지 알 수 없었다. 장주와 나비는 반드시 구분이 있을 테지만 이처럼 구분되지 않는 것을 물화라 말한다.

....

호접몽으로 더 잘 알려진 이 꿈 이야기는 사람이 나비가 되어 훨훨 나는 자유의 만끽이다. 날 수 없는 인간이 날아간다는 것은 자유의 갈망이다. 꿈 이야기를 통해 의도를 전달하는 문학적 수법은 구운몽 등과 같은 몽자를 제목으로 하는 여러 작품들에서도 엿볼 수 있다.

이 글의 핵심은 물화物化이다. 물화는 주체와 객체의 대립 경계가 사라지는 경지이다. 장자는 이 꿈의 우언을 통해서 주체와 대상의 역할을 전도시킴으로써 현실의 질서와 가치관을 뒤집어버린 것이다. 우리가 늘 주체라고 확신하는 것조차 언제든지 부정될 수 있음을 암시한다. 주체와 객체는 언제든지 교체될 수 있기도 하고, 상호 교감을 통해서 자아와 세계의 구분도 사라져 하나로 융합되는 경지를 이루기도 한다.

삶과 죽음, 화와 복, 옳고 그름, 꿈과 생시, 인간과 나비, 대상과 나에 이르기까지 평등하고 자유로운 세계 속에서 표면적인 현상은 각기 다르지만, 본체면에서는 구분이 사라진 공통적인 것이다. 그러므로 인식면에서도 참 나가 거짓 나를 버리고 더 나아가 너와 나를 구별하는 관념을 지워서 만물일체가 물화의 현상이라는 것을 깨닫자는 의미다. 사물은 한 순간도 그치지 않고 변화하기 때문에 나와 나 아닌 것의 구분은 무의미하다. 그래서 장자의 제물론은 물物과 아我의 관념을 깨뜨리고자 한 것이다. 불교의 물아일체이며 삶과 죽음의 경계를 허무는 장자의 핵심 사상이기도 하다.

이 우언에서 유래된 고사성어

장주몽접莊周夢蝶, 장주화접莊周化蝶, 접화장생蝶化莊生, 호접몽蝴蝶夢, 접화蝶化, 장주몽莊周夢 : 오늘날에는 물아일체의 경지, 또는 인생의 무상함을 비유하는 말로도 쓰인다. 그러나 원래의 뜻은 자연변화의 관점에서 보자면 모든 만물이 구분이 없으며 꿈과 현실, 삶과 죽음이 마찬가지라는 뜻이다.

莊周夢蝶 장주몽접

昔者莊周夢爲胡蝶. 栩栩然胡蝶也, 自喩適志與! 不知周與.
석자장주몽위호접. 허허연호접야, 자유적지여! 부지주여.

俄然覺, 則蘧蘧然周也. 不知周之夢爲胡蝶與, 胡蝶之夢爲周與?
아연교, 즉거거연주야. 부지주지몽위호접여, 호접지몽위주여?

周與胡蝶, 則必有分矣. 此之謂「物化」. 〈齊物論〉
주여호접, 즉필유분의. 차지위「물화」. 〈제물론〉

17. 자기도 모르게 죽은 소

포정이 소를 해체하다 庖丁解牛

백정 포정庖丁이 임금 문혜군文惠君을 위하여 소를 해체하기 시작
했다.

손이 닿고 어깨를 기대고 발을 디디는 곳과 무릎을 받치는 곳
마다 소의 가죽과 뼈가 갈라지는 사삭 소리, 칼을 놀리며 소의
살과 뼈를 가르는 휙휙 소리가 리듬에 맞지 않는 것이 없었다.
은나라 탕 임금 때 악곡인 〈상림桑林〉을 반주로 하는 춤과 맞아떨
어지고, 요임금 때 악곡인 〈경수經首〉의 멜로디에도 들어맞았다.

문혜군이 말했다. "오오, 훌륭하도다! 기술이 어떻게 이런 경지
에 이를 수 있을까?"

포정이 칼을 놓고 대답하였다. "제가 좋아하는 것은 도道인데
기술의 경지를 넘어선 것입니다. 처음 제가 소를 해체할 때에는
소가 통째로 보이지 않은 적이 없었습니다. 삼 년 뒤에는 소가
통째로 보인 적이 없습니다.

이제 와서는 제가 마음속으로 만나고 눈으로 보지 않습니다. 감
각이나 지각의 작용은 멈춰지고 정신으로 움직이려고 합니다. 소
의 자연스러운 결을 따라 살과 뼈 사이의 빈틈으로 칼이 파고 들어
가고, 관절 사이의 빈 곳으로 칼을 끌어들이는데, 이는 소의 본래

구조를 따르는 것입니다. 지맥과 경맥이 뼈에 붙은 살과 힘줄이 얽힌 곳 조차 칼을 대지 않았거늘 하물며 큰 뼈는 말할 나위가 있겠습니까!

솜씨 좋은 요리사는 일 년에 한 번 칼을 바꾸나니 살만을 자르기 때문이오, 평범한 요리사는 한 달에 한 번 칼을 바꾸나니 뼈를 잘라 내기 때문입니다. 이제 제 칼은 십구 년을 사용했고 해체한 소도 수천 마리나 되지만 칼날이 아직도 숫돌에서 방금 갈아낸 듯합니다.

소의 관절 사이는 틈이 있으나 칼날은 두께가 없으니, 두께 없는 것으로써 틈이 있는 곳으로 삽입하면 널찍하여 칼날을 놀리는 데 반드시 여지가 있습니다. 이 때문에 십구 년을 사용했는데도 칼날이 숫돌에서 방금 갈아낸 듯합니다.

비록 그렇지만 뼈가 얽힌 곳에 이를 때마다 저는 하기 어려움을 보고서 두려운 듯이 경계하여 시력을 집중하며 손동작은 느려집니다. 칼을 매우 미세하게 움직이면 뼈와 살이 떨어지며 스슥 나오는 소리에 어느새 해체되어 마치 흙이 땅에 떨어지듯 합니다.

그러면 칼을 쥐고 일어나서 사방을 돌아보며 여유 있게 만족하면서 칼을 씻어 보관합니다.”

문혜군이 말했다. “훌륭하도다! 나는 포정의 말을 듣고 양생養生의 도를 터득하게 되었노라.”

....

최하층 천민으로 백정 노릇을 하는 포정의 소를 잡는 과정을 통하여 양생법을 설명하고 있다. 포정이 소를 해체할 때, 두께가 없는 칼날로 살과 뼈의 빈틈을 잘 놀려 칼을 상하지 않게 하듯이 억지로 하지 않고 자연의 순리대로 살아간다면 양생할 수 있음을 설명하고 있다. 험난한 전란 시절에서 자연의 순리대로 살아나갈 방법을 비유한 것이다. 소처럼 크고 복잡하게 얽혀있는 사회적 관계를 어떻게 대처해야 하는가?

그 안에서 포정이 쓴 칼처럼 상처를 입지 않고 옷의 등 가운데 부분을 맞붙여 꿰맨 솔기와 같은 중간을 따르는 원칙[연독위경 緣督爲經]을 지켜 나갈 수 있을 것인가? 두께가 없는 칼로 가운데가 비어있는 소의 공간을 지나가듯이 한다면 칼은 아무런 손상을 입지 않을 수 있다. 가운데가 비어있는 곳(중허中虛)이란 사물의 이치가 깃든 곳으로서 바로 자연의 순리라는 의미다. 장자의 양생은 이렇게 사람과 사회의 관계에서 어떻게 자연스럽게 처세할 것인지를 비유하고 있다.

포정의 소를 잡는 단계는 손으로 잡기 이전에 이미 눈으로 잡기, 더 이전에 마음으로 잡기, 그보다 더 이전에 정신으로 잡기였다. 그 방법의 핵심은 소를 눈으로 보지 않고 정신으로 대하는 것과 타고난 자연의 결[천리天理]에 따르고 본래 그러함을 따르는 것이다. 마음을 비우고 주어진 상황을 그대로 받아들이는 것이다.

소 잡는 기술이 음악과 무용, 그리고 시적으로 승화된 낭만적 작품이다. 도살을 아름답고 심지어 신비롭게 만들어 도살 그 자체를 잊어버리고 예술적 경지로 끌어들였다.

신분이 가장 천한 백정이 한 나라의 왕에게 생명을 죽이는 소 잡는 방법을 통해서 양생의 진수를 설명하는 역설적인 장면이 놀랍다. 이는 양생과 처세의 이치를 비유하고 있다. 자기의 몸을 보전하고 삶을 온전히 지키며 천수를 누리는 생명의 소중한 가치를 지켜나가고자 했다.

그리고 이 이야기는 후일 예술 창조활동을 하는 예술가의 주객 대립의 소멸과 융합, 자유로운 숙련도의 경지, 긴장과 집중을 통한 성취, 자유에 도취되는 심미의식의 경지를 상징하기도 한다.

포정해우庖丁解牛, 목무전우目無全牛, 불견전우不見全牛, 무전우無全牛, 목전우目全牛, 투인개허投刃皆虛, 유인유여遊刃有餘, 인유여지刃遊餘地, 유인遊刃 : 솜씨가 뛰어난 포정이 소의 뼈와 살을 발라낸다는 뜻으로, 신기神技에 가까운 솜씨를 비유하거나 기술의 묘妙를 칭찬할 때 비유하여 이르는 말이다. 또 이는 사람이 태어나서 살아가는 방법을 칼에 비유한 것이다. 포정이 소를 풀어낼 때 칼날이 손상되지 않게 소의 결을 따라가듯 사람의 인생에서도 순리대로 살아가자는 양생의 도를 설명하고자 하는 것이다.

庖丁解牛
포정해우

庖丁爲文惠君解牛, 手之所觸, 肩之所倚, 足之所履, 膝之所踦,
포정위문혜군해우, 수지소촉, 견지소의, 족지소리, 슬지소기,

砉然向然, 奏刀騞然, 莫不中音. 合於桑林之舞, 乃中經首之會.
획연향연, 주도획연, 막불중음. 합어상림지무, 내중경수지회.

文惠君曰: "嘻, 善哉!技蓋至此乎?" 庖丁釋刀對曰: "臣之所好者
문혜군왈: "희, 선재!기개지차호?" 포정석도대왈: "신지소호자

道也, 進乎技矣. 始臣之解牛之時, 所見無非牛者. 三年之後,
도야, 진호기의. 시신지해우지시, 소견무비우자. 삼년지후,

未嘗見全牛也. 方今之時, 臣以神遇而不以目視, 官知止而神欲行.
미상견전우야. 방금지시, 신이신우이불이목시, 관지지이신욕행.

依乎天理, 批大郤, 導大窾, 因其固然, 技經肯綮之未嘗, 而況大軱乎!
의호천리, 비대극, 도대관, 인기고연, 기경긍계지미상, 이황대고호!

良庖歲更刀, 割也; 族庖月更刀, 折也. 今臣之刀十九年矣, 所解
량포세경도, 할야; 족포월경도, 절야. 금신지도십구년의, 소해

數千牛矣, 而刀刃若新發於硎. 彼節者有間, 而刀刃者無厚; 以無
수천우의, 이도인약신발어형. 피절자유간, 이도인자무후; 이무

厚入有間, 恢恢乎其於遊刃必有餘地矣. 是以十九年而刀刃若新
후입유간, 회회호기어유인필유여지의. 시이십구년이도인약신

發於硎. 雖然, 每至於族, 吾見其難爲, 怵然爲戒, 視爲止, 行爲遲.
발어형. 수연, 매지어족, 오견기난위, 출연위계, 시위지, 행위지.

動刀甚微, 謋然已解, 如土委地. 提刀而立, 爲之四顧, 爲之躊躇
동도심미, 획연이해, 여토위지. 제도이립, 위지사고, 위지주저

滿志, 善刀而藏之." 〈養生主〉
만지, 선도이장지." 〈양생주〉

18. 사육될 바에는 주림을
늪지의 꿩 澤中之雉

늪지의 꿩이 열 걸음 걸어서야 먹이를 한 번 쪼아 먹고, 백 걸음을 걸어서야 물을 한 모금 마실지라도, 새장 속에서 잘 길러지기를 바라지 않는다. 잘 사육되어 기력은 비록 왕성하지만, 즐겁지는 않기 때문이다.

....

여기서 장자는 다리 하나가 없는 불구자 우사右師를 새장에 갇힌 꿩과 대비적으로 비유하여 양생의 핵심인 자유의 중요성에 대해 역설하였다. 즉 우사는 다리를 하나 잃었기에 새장과 같은 권력의 속박에서 벗어나 자유를 누릴 수 있었다는 것이다.

자유는 양생의 필수요소다. 들판의 꿩처럼 유유자적하며 마음을 기르는 것이 양생의 중요한 방식이다. 재능 때문에 명성을 얻고 지위를 누려도 새장 속의 새처럼 사육되는 것은 도리어 형벌이 가해진 꼴이다. 양생의 측면에서 본다면 명예와 지위는 자유를 방해하는 것이다. 양생의 주체인 자유를 추구하는 것이 자아를 완성하는 최고의 경지다. 육신의 안락이나 오감의 쾌락은 양생을 해친다는 것이 도가의 견해다

澤中之雉
택중지치

澤雉十步一啄, 百步一飲, 不蘄畜乎樊中. 神雖王, 不善也. 〈養生主〉
택치십보일탁, 백보일음, 불기휵호번중. 신수왕, 불선야. 〈양생주〉

58

19. 죽음의 운명
진일의 조상 秦失弔喪

노담이 죽었다. 진일은 조문을 와서 세 번 곡하고 나와 버렸다. 제자가 말했다. "선생님의 벗이 아니십니까?"

진일이 말했다. "그렇다네."

"그렇다면 그에게 조문을 이와 같이 해도 되겠습니까?"

진일이 말했다. "그렇다. 처음에 나는 그가 진인이라고 여겼는데, 지금은 아니다. …… 때마침 선생이 이 세상에 온 것은 때가 되어 온 것이고, 때마침 선생이 간 것은 천리를 따른 것이다. 때를 편안히 수용하고 천리에 순응하면 슬픔과 기쁨이 들어올 수가 없다. 옛날 사람들은 이를 일컬어 자연스레 속박이 풀려나는 것이라고 하였다."

기름 덩어리 땔감은 타서 다 없어진다 해도, 불은 다른 데로 번져나가므로 결코 꺼질 줄 모르는 것이다.

....

위의 이야기에서 장자는 조문하러 온 진일의 입을 통해 생사에 따른 감정의 대응을 말하고 있다. 조문을 오고 통곡을 하는 것도 망자가 생시에 은근히 기대했기 때문에 발생된 여파라고 추측까지 하면서 죽음에 지나치게 마음을 쏟고 동요되는 사람들의 태도를 꾸짖고 있다.

태어날 때를 편안히 맞이하고 죽는 때를 편안히 따르면 슬픔이나 기쁨의 감정이 끼어들 수 없다고 했다. 양생은 이렇듯이 생사의 자연스러움을 따른 것이다. 억지로 장생불사를 추구하는 것이 아니다. 죽음으로 돌아가는 것은 마치 꽃이 꼭지에 거꾸로 매달렸다가 때가 되면 자연스럽게 떨어지듯이 인간의 생사도 자연스러운 일임을 비유한 것이다.

장자는 이에 덧붙여 죽는다고 해서 완전히 사라지는 것이 아니라, 계속적으로 다른 사물로 변하는 것으로서 이러한 만물의 흘러가는 변화를 땔감과 불로 비유하고 있다. 땔감이 다 타서 없어지는 것 같지만 곁으로 붙어 옮겨 번지는 것처럼 자연스럽게 순환해가는 것이다.

우주만물의 삶과 죽음, 장수와 요절도 상호 관계에서 저절로 정해지는 자연의 순환에 합치될 뿐이라는 것 즉 자운론自運論과 같다. 이미 운명으로 정해졌다면 그 어느 것도 제어하거나 개입할 수 없는 것이다.

타고난 생명은 천수를 누려야 하는 소중한 것이지만, 한편으론 우주의 거대한 변화의 작은 것에 불과하므로 집착해서는 안 된다는 논리이다.

秦失弔喪
진일조상

老聃死, 秦失弔之, 三號而出. 弟子曰: "非夫子之友邪?" 曰: "然."
노담사, 진일조지, 삼호이출. 제자왈: "비부자지우야?" 왈: "연."

"然則弔焉若此, 可乎?" 曰: "然. 始也吾以爲其人也, 而今非也. ……
"연즉조언약차, 가호?" 왈: "연. 시야오이위기인야, 이금비야. ……

適來, 夫子時也; 適去, 夫子順也. 安時而處順, 哀樂不能入也,
적래, 부자시야; 적거, 부자순야. 안시이처순, 애락불능입야,

古者謂是帝之縣解." 指窮於爲薪, 火傳也, 不知其盡也.〈養生主〉
고자위시제지현해." 지궁어위신, 화전야, 불지기진야.〈양생주〉

20. 무모한 오만

사마귀가 앞발로 수레에 맞서다 螳臂當車

사마귀가 힘차게 두 앞발을 들어 올려 수레바퀴를 가로막았다. 자기가 감당할 수 있는 능력이 안 된다는 것을 모르고 자신의 재주가 대단하다고 여겼기 때문이다.

....

이 대목은 장자가 거백옥이라는 현자의 입을 빌려 처세술에 대해 말한 이야기 중 하나이다. 안합은 위衛나라 영공靈公 태자의 스승으로 부임하러 가던 차였다. 그 태자는 자기 잘못은 모르면서 남의 잘못은 귀신같이 알아내는 위험한 사람이었다. 그래서 안합은 현자인 거백옥에게 대처할 방법을 물었다. 거백옥은 사마귀를 예로 들어 설명했다.

사마귀는 자신이 곤충의 상위 포식자라는 능력만 믿고 감히 수레바퀴에 도전하는 무모함을 보였다. 수레바퀴의 거대한 위험을 알았더라면 사마귀는 목숨을 보전할 수 있었을 것이다. 만약 안합이 사마귀처럼 상대방을 파악하지 않고 자신의 재주를 드러내려고 한다면, 못된 성정을 지닌 태자에게 죽임을 당할 수도 있다는 것이다.

상대방을 잘 파악하는 것은 물론 자신의 능력을 드러내지 않는 것이 당시 험한 세상의 포악한 권력에 대처하는 처세술임을 비유하고 있다.

자신의 재능을 과신하고 사나운 상대방이나 운명에 맞서는 무모한 경우를 빗댄 것이다. 부충斧蟲 이라고도 불릴 만큼 앞다리가 강한 사마귀는 자신의 힘에 대한 오만함으로 서로의 역량의 차이라는 객관적 상태를 파악하지 못하고 바퀴에 깔려버렸다. 여기서 수레는 어쩔 수 없이 맞닥뜨리는 상대나 운명을 대변하고 있고, 거기에 대처하는 사마귀의 잘못된 자세를 비유하고 있다.

이 우언에서 유래된 고사성어

당랑노비당거철螳螂怒臂當車轍, 당랑거철螳螂拒轍, 당비당거螳臂當車, 당랑지력螳螂之力, 당랑지위螳螂之衛, 당랑심螳螂心, 당비螳臂 : 오늘날에는 자기 능력을 파악하지 못하고 강자에게 덤비는 것을 가리킨다. 그러나 원래의 뜻은 상대방을 잘 파악하고 그에 따라 처세해야 함을 말한다. 난세의 폭력적 권력에 맞설 때 지식인들이 자신의 능력이나 명성에 의존하지 않고 자신을 낮추어서 자신을 통찰하고 목숨을 보존하여 공생하는 것을 뜻한다.

螳臂當車
당비당거

螳螂怒其臂以當車轍, 不知其不勝任也, 是其才之美者也. 〈人間世〉
당랑노기비이당거철, 부지기불승임야, 시기재지미자야. 〈인간세*〉

---

* 본문은 〈인간세人間世〉 편에 있는 내용이다.
〈인간세〉는 난세에 인간 세상을 통찰하여 자신과 타인을 함께 보존할 수 있는 방법을 고민한 것이다.
인간이 사회적 동물로서 타인을 떠나 살 수 없고 더욱이 전쟁이라는 위험한 시기에 세상 사람들과 함께 살면서 자기에게 주어진 생명을 온전하게 보전하는 길을 제시하고 있다. 즉 나도 살고 너도 같이 살아야 하는 방법을 추구한 것이다. 우언의 구성은 먼저 군주에 등용되어 대응하는 방법을 비유로 들어서 부득이한 운명에 대응하는 방도를 말하고, 다음으로 무용지용에 관한 이야기가 이어진다. 이들의 우언은 다 같이 인간이 겪는 운명적 사태로 겪게 되는 불안을 해소하기 위한 목적이 있다.

21. 산 채로 안주기
호랑이를 기르는 사람 養虎之人

호랑이를 기르는 사람이 감히 먹이를 산 채로 주지 않는 것은 호랑이가 그것을 죽이다가 성낼까 두려워서이다. 또한 감히 통째로 주지 않는 것은 그것을 찢다가 성낼까 두려워서이다. 호랑이가 굶주릴 때와 배부를 때를 살피고 그 성내는 마음을 알아야 할 것이다. 호랑이와 사람은 종이 다르나 자기를 길러 준 사람에게 고분고분한 것은 그것의 성질에 따르기 때문이다. 그러므로 사람을 해치는 것은 그것의 본성을 거스르기 때문이다.

....

위 이야기에서 호랑이로 상징되는 것은 무소불위無所不爲의 군주이며, 호랑이를 기르는 사람으로 상징한 것은 역린逆鱗을 지닌 군주를 대하는 신하다. 여기서는 신하가 군주를 대하는 태도를 말하려는 것이다. 호랑이의 노기를 건드리지 않기 위해서는 호랑이의 본성을 잘 알고 다루어야 하듯이, 군주를 대할 때도 군주의 역린逆鱗을 건드리지 않기 위해 군주의 본성과 상황에 따른 심리의 변화를 잘 파악해야 한다.

군주 교화론 내지는 양생에 필요한 처세론이라고 할 수 있다. 사나운 범은 포악한 군주로 비유되었다. 교화의 좋은 방법으로 상대의 본성을 잘 헤아려 인도해야 한다는 것이다. 그래야 순응시킬 수 있게 된다. 이 이야기는 부득이한 운명 앞에서 주체의 경도된 판단이 아니라, 그 대상의 본질을 파악해서 대응해야 된다는 의미이다. 혼란한 전국시대에서 살아가는 것이 얼마나 위험한지, 생명을 보전하는 일이 얼마나 어려운지를 보여준다. 범이 사육자를 따르게 한 것은 이러한 처세의 올바른 사례라고 할 수 있다.

〈인간세〉 편에는 전반부에 신하가 위험한 권력자 군주를 대하는 방법과 연관된 우언이 있고, 후반부에는 쓸모 없음의 쓸모에 관련된 우언이 있다. 전반부의 우언을 후반부 우언의 성격과 연관 지어 해석한다면, 그것은 능력과 쓸모가 있는 존재들이 당할 수밖에 없는 운명적인 환난에 대응하는 우언이라고 볼 수 있다.

養虎之人
양호지인

夫養虎者, 不敢以生物與之, 爲其殺之之怒也; 不敢以全物與之,
부양호자, 불감이생물여지, 위기살지지노야; 불감이전물여지,

爲其決之之怒也. 時其饑飽, 達其怒心. 虎之與人異類而媚養己者,
위기결지지노야. 시기기포, 달기노심. 호지여인이류이미양기자,

順也; 故其殺者, 逆也. 〈人間世〉
순야; 고기살자, 역야. 〈인간세〉

64

22. 주고 당할 짓

갑자기 말의 등을 때리다 拊馬不時

　　말을 아끼는 어떤 사람이 광주리로 말똥을 담고, 큰 대합껍질로 오줌을 담았다. 마침 피를 빨아먹는 쇠파리가 말의 등에 달라붙자 갑자기 그것을 때렸다. 그러자 말이 놀라서 재갈을 자르고 굴레를 부수며 가슴의 가죽 띠를 찢어버렸다. 말을 사랑하는 뜻은 지극했지만, 사랑의 관계를 잃게 되었다. 그러니 신중하지 않을 수 있겠는가?

....

　　이 문장은 거백옥蘧伯玉이 안합顔闔에게 교화의 처세술을 설명하기 위해 든 사례 중의 하나이다. 노나라의 현자인 안합이 위나라 태자의 스승이 되어 가려고 하면서 위나라의 대부로 있는 거백옥에게 난폭한 성질을 지닌 태자를 어떻게 교화시킬 것인가라고 질문했는데 그에 대한 비유적인 대답이다.

　　말을 아끼는 사람이 말을 놀라게 하면 안 된다는 사실을 간과하고 말의 등에 있는 쇠파리를 때렸기 때문에 오히려 자신의 의도와 어긋나게 말을 놀라게 하는 결과가 초래되었다. 여기서 장자는 설사 상대를 위한 지극한 뜻을 지녔다 해도 상대의 성질을 파악하지 못하면 자신의 원래 의도와는 전혀 다르게 나쁜 결과를 초래하게 된다는 점을 비유하였다.

　　앞의 범 이야기와는 반대로 실패한 사례이다. 사랑도 지나쳐 도를 넘거나, 이면까지를 고려하지 못하는 대응은 의외의 비극적인 결과가 초래된다. 교화와 교육에서 본의와는 달리 정반대의 결과를 가져오는 것도 적절하지 못한 인도와 대응 때문이다. 이처럼 위의 세 우언(20-22)은 무도한 군주를 대하고 생명을 안전하게 보전하는 처세를 논한 것을 빗대어 말한 것이다.

한편으로 군주는 인간의 운명을 주재하는 도를, 신하는 운명에 의하여 주재되는 인간을 상징하는 것으로도 보인다. 군주를 잘 섬기는 방법을 말한 것처럼 보이는 〈인간세〉편의 전반부 우언들도 불가피한 운명을 대하는 인간의 대처를 상징으로 논한다고 볼 수 있다.

마치 유능한 도가적 인물이 관직에 있을 때 당할 수 있는 대처하기 힘든 문제들에 대해 다룬 것 같다. 유용한 존재들의 실질적인 무용함과 연관되는 우환의 해결 방도를 보여주고, 더 나아가 어쩔 수 없는 운명에 대응하는 방도를 비유적으로 표현하였다.

상대와 공존을 하기 위해서는 대상을 사랑하는 것 이상으로 대상의 자연적인 본성을 파악해서 인도하고 거기에 순응케 하는 대처가 더 중요한 것이다.

拊馬不時
부마불시

夫愛馬者, 以筐盛矢, 以蜄盛溺. 適有蚊虻僕緣, 而拊之不時,
부애마자, 이광성시, 이진성뇨. 적유문맹복연, 이부지불시,

則缺銜毀首碎胸. 意有所至而愛有所亡. 可不愼邪? 〈人間世〉
즉결함훼수쇄흉. 의유소지이애유소망. 가불신야? 〈인간세〉

66

23. 쓸모없어서 쓸모가 있다
재목이 아닌 나무 不材之木

목공 장석이 곡원曲轅 땅에 이르러 토지신을 모신 사당 옆의 상수리나무를 보았다. 그 크기가 수천 마리의 소를 가릴 정도였고, 그 둘레는 백 아름이나 되었으며, 그 높이는 산봉우리를 내려다 볼 정도였다. 그 나무는 땅에서 80자나 올라간 곳에 이르러 가지가 있었는데, 십 수척의 배를 만들 수 있을 만큼 가지가 무성하였다. 구경하는 사람들이 성시를 이루었으나 장석은 거들떠보지도 않았고 갈 길을 멈추지도 않았다.

제자가 그 나무를 찬찬히 바라보다 장석을 쫓아가 말했다. "제가 도끼를 잡고 선생님을 따른 이래로 이와 같이 좋은 재목을 본 적이 없습니다. 그런데 선생님께서는 보려고도 하지 않으시고 가던 길을 멈추시지도 않으시니 무엇 때문입니까?"

장석이 말했다. "그만두어라. 말을 말라! 푸석푸석한 산목散木이니라. 그것으로 배를 만들면 곧 가라앉을 것이고, 그것으로 관곽棺槨을 만들면 곧 썩을 것이며, 그것으로 그릇을 만들면 곧 부서지고, 그것으로 문을 만들면 곧 만樠나무처럼 나무 수액이 흐를 것이며, 그것으로 기둥을 만들면 곧 좀이 슬 것이다. 이것은 재목이 아닌 나무이니 쓸 수 있는 바가 없다. 그래서 장수할 수 있었던 것이다.

위의 이야기는 '쓸모 없음의 쓸모' 즉 '무용지용無用之用'에 관한 이야기이다.

장자는 〈인간세人間世〉 말미에서 "사람은 모두 유용의 쓸모는 알지만 무용의 쓸모는 알지 못한다."고 이야기 한다.

여기에서 세상 사람들이 잘 아는 '유용의 쓸모'는 이용가치에 중점을 둔 쓸모이다. 그러나 이용가치에 무게를 둔 이 쓸모는 이용물 스스로에게 쓸모 있는 것이 아닌 이용자 즉 타자에게 쓸모 있는 것이므로 쓸모 있는 존재 자체에게는 위협이 될 수 있다. 재목으로 쓰이는 나무가 도끼의 위협을 피하지 못하는 것과 같다.

반면, 세상 사람들이 잘 모르는 '무용의 쓸모'는 이용가치에서 벗어난 쓸모이다. 이용가치에서 벗어난 쓸모는 존재 자체에 위협을 초래할 일이 없다. 사당 옆 상수리나무가 재목이 아니어서 장수할 수 있었던 것과 비슷하다. 이처럼 위의 이야기는 이용가치가 있는 유용의 위험성과 이용가치에서 벗어난 무용의 가치를 환기시켜 준다. 장자는 재목이 아니어서 장수할 수 있었던 상수리나무를 통해 대용大用이 되는 무용의 쓸모를 알아차리도록 한 것이다.

장자는 칠원리라는 숲의 관리를 지낸 탓인지 나무에 관한 우언을 상당수 창작하였다 여기의 가죽나무 이야기는 '쓸모 없음의 쓸모 있음' 즉 '무용지용無用之用'에 관한 이야기이다.

쓸모없는 나무 즉 '산목'이란 당연히 이용자인 인간의 기준이며, 그 중에서도 그 유용성만을 기준으로 하는 것이다. 상대의 존재를 수단으로만 대해서는 안 된다는 의미이다. 이는 세상 사람들이 추구하는 가치와는 다른 방향이다.

무용지물의 존재로 버려지는 세상의 소외자들에게는 장자의 이 같은 이야기가 힘이 되어 준다. 현실가치의 기준에 의한 무용의 긍정적 측면

을 부각시켜 세속적 기준의 부당함을 강조한다. 이는 제물적 사고와도
연관된다.

不材之木
부재지목

匠石之齊, 至於曲轅, 見櫟社樹. 其大蔽數千牛, 絜之百圍, 其高
장석지제, 지어곡원, 견력사수. 기대폐수천우, 혈지백위, 기고

臨山, 十仞而後有枝, 其可以爲舟者旁十數. 觀者如市, 匠伯不顧,
림산, 십인이후유지, 기가이위주자방십수. 관자여시, 장백불고,

遂行不輟. 弟子厭觀之, 走及匠石, 曰: "自吾執斧斤以隨夫子,
수행불철. 제자염관지, 주급장석, 왈: "자오집부근이수부자,

未嘗見材如此其美也. 先生不肯視, 行不輟, 何邪?" 曰: "已矣,
미상견재여차기미야. 선생불긍시, 행불철, 하야?" 왈: "이의,

勿言之矣! 散木也. 以爲舟則沈, 以爲棺槨則速腐, 以爲器則
물언지의! 산목야. 이위주즉침, 이위관곽즉속부, 이위기즉

速毀, 以爲門戶則液樠, 以爲柱則蠹. 是不材之木也, 無所可用,
속훼, 이위문호즉액만, 이위주즉두. 시부재지목야, 무소가용,

故能若是之壽.〈人間世〉
고능약시지수.〈인간세〉

70

24. 재목이라서 요절하다
형씨 땅의 나무 荊氏之木

송나라에 형씨라는 땅이 있는데 노나무, 잣나무, 뽕나무가 자라기에 적합했다. 그 나무 가운데 한 아름 이상인 것은 원숭이를 매는 말뚝을 구하는 사람이 베어갔다. 서너 아름드리 되는 것은 높고 큰 대들보를 구하는 사람이 베어갔다. 일고여덟 아름드리 되는 것은 귀족과 부유한 상인의 집에서 한 판의 판자로 된 관을 짜는 나무를 구하는 사람이 베어갔다. 그래서 그 나무들은 천수를 다하지 못하고 도중에 도끼에 베여 일찍 죽었다. 이것이 재목들의 재난이다.

·····························

이 대목에 나오는 나무들은 모두 인간에게 쓸모 있는 재목이다. 그래서 나무가 어느 정도 자라기만 하면 사람들이 베어간다. 나무의 입장에서는 그 쓸모 때문에 자신의 생명을 잃게 되는 것이다. 자신의 쓸모 때문에 죽는 것보다 차라리 쓸모없는 것이 오히려 더 낫다고 여긴다. 이것이 장자가 전국시대 당시 생명과 몸을 보전하는 방법이다.

앞의 23장 이야기와는 반대로 여기서는 '쓸모 있음의 환난有用之患'을 말하고 있다.

쓸모라는 것 역시 인간의 입장에서 볼 때 그러한 것이고 나무의 입장에서 보면 환난을 당하는 것이다. 인간사에도 쓸모 있다고 발탁되거나 추대되었을 때 도리어 그것이 환난을 가져오는 경우가 허다하다. 유용과 무용을 가르는 차별에 익숙한 세속의 가치관을 넘어서고 있다. 이 역시 무용지용과 더불어 제물적 세계를 지향하고자 하는 것이다.

荊氏之木
형 씨 지 목

宋有荊氏者, 宜楸柏桑. 其拱把而上者, 求狙猴之杙者斬之.
송유형씨자, 의추백상. 기공파이상자, 구저후지익자참지.

三圍四圍, 求高名之麗者斬之. 七圍八圍, 貴人富商之家求樿傍者斬之.
삼위사위, 구고명지려자참지. 칠위팔위, 귀인부상지가구전방자참지.

故未終其天年, 而中道之夭於斧斤, 此材之患也. 〈人間世〉
고미종기천년, 이중도지천요부근, 차재지환야. 〈인간세〉

25. 온전한 곱추
지리소가 스스로 살아가기 支離疏養身

　지리소支離疏라는 사람은 턱이 배꼽에 가깝고 어깨가 정수리보
다 높은 목덜미 뒤의 상투가 하늘을 가리키고 오장의 경혈이 위
로 향해 있으며 두 넓적다리가 양쪽 옆구리에 이어져 있는 곱추
였다.

　그러나 그는 옷을 꿰매고 빨래를 하여 충분히 생계를 유지하였
으며, 곡식을 까부르고 쌀을 고르며 열 사람을 부양하였다. 나라
에서 징병하게 되면 지리소는 면제되어 소매를 걷어붙이고 그 사
이에서 왔다 갔다 했다. 나라에서 큰 역사가 있게 되면 지리소는
불구자라서 노역에서 면제되었다. 나라에서 불구자들에게 곡식
을 나누어 주면 삼종三種의 쌀(대략 쌀 20가마 정도)과 열 다발의
땔나무를 받았다.

　몸이 불구여서 온전하지 않은 사람도 오히려 충분히 그 몸을
부양하여 자신의 일생을 보냈거늘 하물며 세속적인 마음이 결여
된 사람은 오죽 잘 살겠는가!

....

　지리소는 불구여서 몸이 온전하지 않았지만 자신과 가족을 잘 건사
하고 천수를 누릴 수 있었다.

우리는 지리소와 같이 몸에 장애가 있으면 아픔이 많아 삶이 힘겨울 것이라 여기지만, 도리어 그는 장애 덕분에 세상살이의 온갖 위험을 피해갈 수 있었다. 자신의 상황과 상태를 온전히 받아들이며, 주위의 시선이나 환경에 흔들리지 않고 온전히 나 자신의 모습을 인정하고 살아가는 모습, 이것이 장자가 지리소를 통해 이야기 하고자 하는 메시지이다. 장자는 지리소를 통해 몸은 물론이고 마음조차도 세속적 가치 기준을 벗어나는 것이 당시 험난한 세상을 살아가는 방법이라고 여겼다.

세속적 가치와 기준을 전복시키는 것, 그 사례로 불구자의 온전한 생활이 등장한다. 외형의 신체와 내면의 덕행이 세상의 가치에 부합되는가 아닌가를 기준으로 행복과 불행을 재단하는 문제를 논한 것이다. 세속적 기준의 쓸모없는 신체도 이렇게 좋은데, 하물며 쓸모없는 마음이라면 얼마나 더 좋겠는가? 육체의 불구도 값진 것이지만 마음의 불구는 더 값진 것이다. 우리의 마음속을 꽉 메우고 있는 세상의 윤리 도덕 관습 지식을 모두 해산시켜버린 것이다. 통치자들이 만든 도덕적 가치의 기만과 가식이라는 허위의 굴레를 벗어던지기 위해서 육체를 잊고 덕을 잊어야 한다.

무용이나 불구는 그 존재를 스스로 선택한 결과가 아니라 운명적으로 타고난 것이다. 운명에 의해 주어진 불우함을 유용이라는 긍정적 평가로 연결시켜 마음의 평안을 유지할 근거를 마련한 것이다.

현실적 가치 기준의 타당성 없음을 확인하기 위해서는 물物의 경계를 허물어야 한다. 장자의 이러한 사고는 결국 만물의 생과 사, 이득과 손해, 유용과 무용 등의 대립 경계 사이의 차이를 두지 않는 제물의 경지에 귀착되는 것이다.

支離疏養身
지리소양신

支離疏者, 頤隱於臍, 肩高於頂, 會撮指天, 五管在上, 兩髀爲脅.
지리소자, 이은어제, 견고어정, 회촬지천, 오관재상, 량비위협.

挫鍼治繲, 足以餬口; 鼓筴播精, 足以食十人. 上徵武士, 則支離
좌침치해, 족이호구; 고협파정, 족이식십인. 상정무사, 즉지리

攘臂而遊於其間; 上有大役, 則支離以有常疾不受功; 上與病者粟,
양비이유어기간; 상유대역, 칙지리이유상질불수공; 상여병자속,

則受三鍾與十束薪. 夫支離者其形者, 猶足以養其身, 終其天年,
칙수삼종여십속신. 부지리자기형자, 유족이양기신, 종기천년,

又況支離其德者乎! 〈人間世〉
우황지리기덕자호! 〈인간세〉

26. 형벌로 불구가 되었지만
무지가 배움에 힘쓰다 無趾務學

노나라에 형벌로 발가락이 잘려나간 숙산무지叔山無趾라는 사람이 있었다. 그는 발뒤꿈치로 걸어가서 공자를 만났다.

공자가 말했다. "당신은 이전에 신중하지 않아 이미 형을 받아 이와 같이 불구가 되어 버린 사람이오. 설령 지금 와서 가르침을 구하려 해도 어찌 원래 상태로 이르게 할 수 있겠는가?"

무지가 말했다. "내가 오직 당면한 일을 알지 못했기 때문에 발가락을 잘리게 되었습니다. 지금 내가 찾아온 것은 오히려 발가락보다도 더 소중한 것이 있어서입니다. 그래서 나는 그것을 힘써 다하려고 합니다. 하늘은 덮지 않은 것이 없고 땅은 품지 않은 것이 없습니다. 나는 선생님을 하늘과 땅으로 여겼는데, 선생님이 이와 같을 줄을 어찌 알았겠습니까."

공자가 대답했다. "내가 정말로 생각이 좁았소. 어서 들어오시오. 청컨대 선생님이 보고 들은 바를 다 이야기해 주시오."

무지가 나간 뒤에 공자가 말했다. "제자들아 공부에 힘써라. 무지는 발가락을 잘린 사람인데도, 학문에 힘쓰는 것으로 과거의 오점을 보완하려 했거늘, 하물며 (신체가 온전하여) 온전한 덕을 가진 너희들이야 더 말할 필요가 있겠는가!"

　위의 이야기에서는 외형에 연연하는 공자의 고정된 인식이 드러난다. 공자는 가르침을 받으러 온 무지를 신체가 온전하지 못하다는 이유로 거절한다. 여기서 장자는 유가의 성인인 공자와 형벌을 받아서 불구가 된 무지를 비교하였다. 이를 통해 신체적인 결함과 죄인이라는 편견으로 사람을 판단하는 유가의 도덕관념을 비판하고, 외형보다 내면적인 덕을 중시하는 도가의 자연의 이치를 비교시켰다.

　〈인간세〉에서는 안팎을 불문하고 세속적인 가치를 전환시키려는 것이었지만, 〈덕충부〉에서는 더 나아가 외형의 결핍까지도 사실은 내면의 충만이 드러난 것이라고 말한다.

　여기서는 유가와 도가의 다른 두 가치관의 차이를 드러낸다.

　공자는 형벌을 받은 숙손무지가 유가의 통치계급이 필요로 하는 이상적인 온전한 인간이 될 수 없다고 생각한다. 그래서 공자가 맨 마지막에 제자들에게 했던 말 역시 신체가 온전한 사람은 내면의 덕도 온전하다는 생각을 전제로 한 것이다.

　그러나 숙손무지는 공자의 도덕적인 설교를 인간의 자연적 본성에 부합되지 않는 것으로 여긴다. 여기서 장자는 유가의 시각이 국소적이고 단선적임을 들추고 있다. 장자는 유가의 이 관점을 피력시켜 도가와는 서로 다른 차원임을 상징시키고 있는 것이다.

無趾務學
무지무학

魯有兀者叔山無趾, 踵見仲尼. 仲尼曰: "子不謹, 前既犯患若是矣.
노유올자숙산무지, 종견중니. 중니왈: "자불근, 전기범환약시의.

雖今來, 何及矣!" 無趾曰: "吾唯不知務而輕用吾身, 吾是以亡足.
수금래, 하급의!" 무지왈: "오유부지무이경용오신, 오시이망족.

今吾來也, 猶有尊足者存, 吾是以務全之也. 夫天無不覆, 地無不載,
금오래야, 유유존족자존, 오시이무전지야. 부천무불복, 지무부재,

吾以夫子爲天地, 安知夫子之猶若是也!" 孔子曰: "丘則陋矣!
오이부자위천지, 안지부자지유약시야!"공자왈: "구즉루의!

夫子胡不入乎? 請講以所聞." 無趾出. 孔子曰: "弟子勉之! 夫無趾,
부자호불입호? 청강이소문." 무지출. 공자왈: "제자면지! 부무지,

兀者也, 猶務學以復補前行之惡, 而況全德之人乎!"〈德充符〉
올자야, 유무학이부보전행지악, 이황전덕지인호!"〈덕충부*〉

---

* 본문은 〈덕충부德充符〉에 있는 내용이다.
　덕충부란 어떤 사람의 덕이 내면에 차서 넘치면 거기에 부합되는 생활의 실체
모습이 드러난다는 것이다. 장자가 묘사한 불구자는 모두 출중하고 매력 있는
사람들이다. 이 매력은 외형의 육체가 아니라 내재된 덕에서 배태된 빛으로 간주
했다. 육체의 불구는 덕의 완전성과 그 의의를 더욱 대조적으로 도드라지게 나타
낼 수 있다고 장자는 생각한 것 같다. 덕이 충만되면 외형의 결핍은 보이지 않고
잊혀진다는 것이다. 세속적 편견에 잡혀 외형적인 것, 외부의 권력 등에 집착하는
인간들의 어리석음을 비웃는다.

27. 늘 조화를 이룰 뿐
용모가 추한 애태타 惡人哀駘它

위나라에 용모가 추한 사람이 있었는데, 그를 애태타라고 한다. 남자들이 그와 함께 있으면 그를 연모하게 되어 떠날 수 없었다. 여자들이 그를 보면 부모에게 간청하여 "다른 사람의 아내가 되느니 차라리 그 분의 첩이 되겠습니다." 라고 말하는데 그 수가 십 수 명에 그치지 않을 정도였다. 일찍이 그가 먼저 나서서 주장하는 것을 들어 본 사람이 없었다. 그는 오직 늘 다른 사람과 더불어 조화를 이루었을 뿐이다.

....

위의 이야기에 등장하는 애태타는 용모가 극도로 추악한 사람이다. 그럼에도 불구하고 남자와 여자 모두가 그를 연모하게 되는데 장자는 위의 이야기에서 그 이유를 '조화를 이루되 먼저 나서서 주장하지 않는다[화이불창和而不唱]'라고 말한다. 여기에서 '조화를 이룬다'는 것은 자연의 본성을 지키며 외물의 변화에 순응하는 것이고[재전才全], '먼저 나서서 주장하지 않는다'는 것은 조화를 이루며 덕을 겉으로 드러내지 않음을 말한 것이다[덕물형德不形].

즉 애태타는 항상 자연의 본성을 지키며 외물의 변화에 순응하고 조화를 이루며 겉으로 드러내지 않기 때문에 타자와의 간극이 없는 것이다. 이 이야기를 통해 장자는 수평을 이루는 물처럼 조화롭게 되는 상태를 드러나지 않는 덕의 경지라고 하였다. 이럴 때에 비로소 덕이 충만해질 수 있음을 말하고 있다.

장자는 인간의 공통적인 괴로움 가운데 하나인 '신체의 온전하지 못함'에 빛을 비추고 색을 칠하고 있다. 이를 해결하기 위해서는 덕의 함양을 충만시켜 마음의 평안을 도모하자는 의도를 보이고 있다. 덕이 뛰어나면 인간에게 운명적으로 주어진 신체의 불완전한 형태를 잊게 된다는 것이다.

애태타는 타고난 본성을 온화하게 보전하여 외부의 변화 요소에 동요되지 않는다. 그 운명적인 흐름에 조화되면서 드러내지는 않는다. 내면에 덕이 충만되어, 외부로 그 행위에 자연스럽게 부합되기 때문이다.

惡人哀駘它
악인애태타

衛有人焉, 曰哀駘它. 丈夫與之處者, 思而不能去也.
위유악인언, 왈애태타. 장부여지처자, 사이불능거야.

婦人見之, 請於父母曰 "與爲人妻, 寧爲夫子妾"者, 十數而未止也.
부인견지, 청어부모왈 "여위인처, 영위부자첩"자, 십수이미지야.

未嘗有聞其唱者也, 常和人而已矣. 〈德充符〉
미상유문기창자야, 상화인이이의. 〈덕충부〉

28. 마음의 젖
새끼 돼지가 죽은 어미의 젖을 먹다 豚食於死

공자가 노魯나라 왕 애공哀公한테 말했다. "제가 일찍이 초나라로 사신 갈 적에 마침 새끼 돼지들이 죽은 어미 돼지의 젖을 먹는 것을 보았습니다. 잠시 뒤에 새끼 돼지들이 놀라서 어찌할 바를 모르는 모습으로 모두 어미 돼지를 버리고 달아났습니다. 어미가 자신들을 돌보아 주지 않고 살아있을 때처럼 대해줄 수 없었기 때문입니다. 새끼 돼지들이 어미를 사랑한 것은 그 몸이 아니라 그 몸을 부리게 하는 정신 때문이었습니다."

....

불구인 애태타가 곁에 있다가 떠나자 노나라왕 애공은 마음이 매우 허전했다. 그래서 애공은 공자에게 애태타가 어떤 사람인지 물었다. 공자는 새끼돼지의 일화를 빌어 애태타의 사람됨을 설명했다.

이 이야기를 통해 장자는 진실 된 덕이 내면에 있다고 말한다. 그러므로 외면에 대한 집착을 버리고 내면에 있는 덕, 즉 정신이 중요하다고 했다.

새끼돼지는 어미의 겉모습을 사랑한 것이 아니라 그 겉모습을 움직이는 것을 사랑했다. 형체는 그대로이지만 새끼를 사랑하는 마음, 즉 덕이 사라졌기 때문에 달아난 것이다. 육체는 덕의 부수물이기 때문에 덕의 가치를 드러내기 위해 이러한 비유를 들었다. 근본이 없어지면 그 장식은 의미가 없는 것이다. 밖으로 드러나지 않는 잠재된 덕의 가치를 보여주고자 한 이야기다.

独食於死
돈식어사

丘也嘗使於楚矣, 適見独子食於其死母者, 少焉?
구야상사어초의, 적견돈자식어기사모자, 소언?

瞬若皆棄之而走. 不見己焉爾, 不得類焉爾.
순약개기지이주. 불견기언이, 부득류언이.

所愛其母者, 非愛其形也, 愛使其形者也.〈德充符〉
소애기모자, 비애기형야, 애사기형자야.〈덕충부〉

29. 혹쟁이에 푹 빠진 왕
대영이 환공에게 유세하다 大瘿說桓公

목덜미 위에 질항아리와 비슷한 모양의 종기가 나있는 옹앙대
영甕㼜大瘿이라는 사람이 있었다. 그가 제나라 왕 환공에게 유세
하니, 제나라 환공이 그를 좋아했다. 그래서 환공이 온전한 사람
들을 보면 그들의 머리가 오히려 옹앙대영처럼 양쪽 어깨의 혹에
매달려 있는 것처럼 보였다.

....

장자는 사람 외형의 미관美觀은 중요한 것이 아니며, 중요한 것은
'덕德'이 뛰어난 것이라는 일관된 입장을 여기서도 드러낸다.
정상과 비정상의 기준은 어디에 있는가? 옹앙대영은 이름부터가 기
형의 뜻이다. 옹앙은 큰 항아리고, 대영은 큰 종기다. 장자는 이러한 기
형인을 성인으로 상정하고 있다. 세상의 현실에서 보면 옹앙대영같은
기형인은 소수이기에 다수로부터 소외당하는 대상이다.
그러나 그의 내면의 덕이 왕에게 전달되고 왕은 그 기형인의 가르침
을 받는다. 이는 왕의 기존 사고를 정반대로 바꾸어 놓았다. 정상의 비
정상화, 비정상의 정상화다. 내면의 덕이 뛰어나 드러나면 육체라는 형
체를 잊어버리는 법이다. 그러나 일반인들은 정작 잊어야 할 것은 잊지
않고, 잊지 말아야 할 것을 잊어버린다.

인간의 육체와 외모는 하늘이 자연스럽게 우리들에게 부여한 것이다. 그래서 그 주어진 개개인마다 완벽한 조화를 이루고 있다. 외모와 무관하게 호오의 감정에 치우침이 없는 옹앙대영 같은 사람은 이렇게 자기에게 주어진 조화의 아름다움을 깨달아 그 자신을 손상시키지 않으면서 외부에 감동을 전파할 수 있는 것이다.

大癭說桓公
대영설환공

甕㼜大癭說齊桓公, 桓公說之, 而視全人, 其脰肩肩. 〈德充符〉
옹앙대영세제환공, 환공열지, 이시전인, 기두견견. 〈덕충부〉

30. 서로를 잊고 지내자
마른 못의 물고기 涸泉之魚

못에 물이 말라서 물고기들이 맨땅에 드러나 말라죽기 직전이었다. 이때 물고기들이 서로 숨을 불어주어 촉촉하게 해주고 또 거품을 내어 서로 적셔주었다. 그러나 이런 것들은 아예 처음처럼 강과 바다에서 서로를 잊고 지내며 사는 것만 못하다.

....

장자는 말라버린 못에서 살아남기 위해 서로 거품을 불어주는 물고기들에 대한 묘사를 통해 윤리 덕목의 한계성과 무위자연의 경지를 대비시켰다. 물고기가 물에서 자유를 만끽하는 것처럼 인간도 자연의 순리라는 공간에서 숨쉬고 살아야 한다는 것이 장자의 주장이다. 장자는 다른 글에서 물고기는 강과 호수에서 서로를 잊고, 사람은 도술道術에서 서로를 잊는다고 했다. 아무것도 서로 바라지 않고 마음을 편안히 하면서 몸을 보전할 수 있는 곳이다.

물고기의 고향은 물속이다. 생존에 가장 쾌적한 환경이다. 그러므로 물속에서는 서로 거품을 불어주는 사랑이나 헌신은 처음부터 필요 없었다. 그러나 이미 뭍에 드러나 버린 상황에 닥쳐서는 아무리 서로서로 필사적으로 살려주려고 노력한들 죽을 수밖에 없는 참혹한 현실의 운명을 바꿀 수는 없다.

이 이야기는 성군 요와 폭군 걸에 대한 칭찬과 비난을 하면서 그 대립적 경계에 얽매이기 보다는 둘 다 잊고 사는 것이 낫다는 장자의 주장을 뒷받침하기 위한 우언이다. 폭군 걸은 차치하고라도, 성군 요조차도 거품을 뿜어주는 물고기에 불과하다는 것이다.

요와 걸을 선과 악의 대립으로 보지만, 요는 걸이라는 악역이 있어서 가능한 것이며, 더 나아가서 자연의 이치를 터득한 진인의 입장에서 볼 때는 모두 맨 땅이라는 한계에서 서로간의 하찮은 몸부림에 불과하다는 비유다.

물고기들이 강과 호수에서 평온한 마음으로 천명대로 살아 갈 때 그들은 서로간의 사랑을 필요로 하지 않는다. 서로를 사랑하거나 사랑받는다는 의식조차 없다. 뭍에 노출되어 헌신적인 사랑을 하기 보다는 물 속에서 서로를 잊은 채 유유히 담담하게 노닐 때 물고기들은 자유로움을 만끽할 것이다.

함께 하지 않으면서 함께 살아간다. 물고기들에게 부드러운 물은 자유로움을 느끼게 한다. 사람에게 자연의 순리는 물고기에게 물과 같은 것이다.

정이 넘쳐 불우 이웃을 돕는 것 보다 더 좋은 일은 아예 불우 이웃이 없는 것이다.

학린유말涸鱗濡沫, 상유상구相濡相呴, 상유말相濡沫, 말상유沫相濡 : 오늘날에는 상호 진정한 협력적인 자세를 말할 때 쓰인다. 중국 주석 시진핑이 한국을 방문했을 때 이 고사성어를 인용해서 상해임시정부 때의 한 중 양국의 협력등을 상기시키기도 하였다. 그러나 원래의 뜻은 인위적으로 어짐과 사랑을 베풀어 구속하는 세계보다는 오히려 어짐과 사랑조차 의식할 필요가 없는 자유로운 세계를 추구하고자 한 것이다.

涸泉之魚
학천지어

泉涸, 魚相與處於陸, 相呴以濕, 相濡以沫, 不如相忘於江湖.
천학, 어상여처어륙, 상구이습, 상유이말, 불여상망어강호.

〈德充符〉
〈덕충부〉

31. 조물주의 뜻대로
대장장이가 쇠를 주조하다 大冶鑄金

이제 대장장이가 쇠를 주조하는데 쇠가 펄펄 뛰며 "나는 반드시 막야鏌鎁〔오나라 간장干將이 주조한 암수 한 쌍의 보검 중 암컷의 이름〕와 같은 보검이 되어야 한다."라고 말한다면, 대장장이는 반드시 상서롭지 못한 쇠라고 여길 것이다.

．．．．．．．．．．．．．．．．．．．．．．．．．．．．．

위의 이야기는 죽음을 앞둔 자래子來의 말에 삽입된 이야기이다. 그의 가족들이 그의 죽음을 걱정하며 슬퍼하자 자래는 대장장이를 조물주에, 쇠를 인간에 비유하여 삶과 죽음은 인간이 어찌할 수 없는 자연의 영역임을 설명한다.

제 맘대로 보검이 되겠다는 쇠를 두고 대장장이가 상서롭지 못하다고 여길 것이다. 인간도 쇠처럼 그렇게 군다면 조물주 역시 상서롭지 못한 인간이라고 여길 것이다.

위의 이야기를 통해 인간은 천지를 큰 용광로로 삼아 죽음을 편안히 여기고 자연의 순리적 변화에 응해야 한다고 하는 것이다. 장자는 하늘과 땅을 화로로 삼고, 조화를 대장장이로 삼는다고 했다. 조화를 부리는 어떤 주재자가 존재한다는 표현이다.

사물은 자연의 변화를 이기지 못한다. 변화 앞에서 인간은 무능력할 뿐이다. 죽음도 탄생도 변화에 불과하다. 변화를 거부하는 무모한 짓에 자신을 속박시켜서도, 변화를 두려워해서도 안 된다. 모든 것은 변화와 순환의 자연과 함께 가는 것이다. 이를 방해하는 것이 있다면 그것에 거리를 두거나 도외시해야 한다.

大冶鑄金
대야주금

今之大冶鑄金, 金踊躍曰 "我且必爲鏌鋣!" 大冶必以爲不祥之金.
금지대야주금, 금용약왈 "아차필위막야!" 대야필이위불상지금.

〈大宗師〉
〈대종사*〉

---

* 본문은 〈대종사大宗師〉편에 있는 내용이다.
  대종사란 가장 으뜸이 되는 스승이란 뜻이다. 그 스승을 도道, 진인眞人으로 표현하고 있다. 여기에 이르기 위해서는 수양이 필요한데, 그 체득 방법을 등장하는 인물들과 대화 형식으로 말하고 있다. 그 경지는 천지만물은 물론 자신마저 잊어버리는 좌망坐忘에서 완성된다.

32. 운명적 가난
자상이 가난해서 통곡했다 子桑哭貧

자여子與와 자상子桑은 친구인데 어느 날 큰비가 열흘이나 내렸다. 자여가 말했다. "자상이 아마도 굶주린 나머지 병이 나겠구나!" 자여는 밥을 싸가지고 가서 자상에게 먹이려고 했다. 자여가 자상의 대문에 이르러보니 자상은 노래하듯 통곡하듯 하며 거문고를 타면서 말했다. "아버지여! 어머니여! 하늘이여! 사람이여!" 그 소리를 감당하지도 못하면서 가사만 급하게 불러대는 것이었다.

자여가 들어가서 말했다. "그대가 어찌 이렇게 가사를 부르고 있는 것인가?"

자상이 말했다. "나를 이 빈곤의 극한 지경에 이르게 한 까닭을 내가 생각해 봤으나 알 수 없었네. 부모가 어찌 나를 빈곤하게 만들고 싶었겠는가? 하늘도 사사로이 덮어주지 않고 땅도 사사로이 실어주지 않는 법인데, 하늘과 땅이 어찌 사사롭게 나를 빈곤하게 하겠는가? 나를 빈곤하게 만든 원인을 찾아보았으나 알 수 없었네. 그렇다면 이 빈곤의 극한에 이르게 된 것은 운명인가 하네!"

....

자상은 자신이 가난하여 고통 받게 된 원인을 부모와 하늘, 그리고 땅에서도 찾아보았지만 이유를 알 수 없었다. 그래서 가난한 것을 운명이라 결론지었다.

장자는 주어진 상황이나 환경처럼 자신의 힘으로는 바꿀 수 없는 것을 운명으로 받아들이면 고통이나 좌절 대신 마음의 여유가 생긴다고 여겼다.

빈부의 불평등과 같은 고통은 어쩔 수 없이 이 세계에 가득 차 있다. 운명 앞에 절망과 분노도 뒤따른다. 그러나 그것들을 바꿀 수 있는 힘이 없기 때문에 지친 마음을 안정시키는 방법을 택해야 한다. 그 평정의 방법은 운명을 긍정하고 큰 뿌리이자 스승인 대종사 즉 자연의 이치를 따를 수밖에 없다는 것이다.

子桑哭貧
자상곡빈

子輿與子桑友, 而霖雨十日. 子輿曰: "子桑殆病矣!" 裹飯而往食之.
자여여자상우, 이림우십일. 자여왈: "자상태병의!" 과반이왕사지.

至子桑之門, 則若歌若哭, 鼓琴曰: "父邪! 母邪! 天乎! 人乎!"
지자상지문, 즉약가약곡, 고금왈: "부야! 모야! 천호! 인호!"

有不任其聲而趨擧其詩焉. 子輿入, 曰: "子之歌詩, 何故若是?"
유불임기성이추거기시언. 자여입, 왈: "자지가시, 하고약시?"

曰: "吾思夫使我至此極者而弗得也. 父母豈欲吾貧哉?
왈: "오사부사아지차극자이부득야. 부모기욕오빈재?

天無私覆, 地無私載, 天地豈私貧我哉? 求其爲之者而不得也.
천무사복, 지무사재, 천지기사빈아재? 구기위지자이부득야.

然而至此極者, 命也夫!". 〈大宗師〉
연이지차극자, 명야부!". 〈대종사〉

33. 7개의 구멍
혼돈에게 구멍을 뚫다 混沌鑿竅

남해의 신은 숙儵이요, 북해의 신은 홀忽이요, 중앙의 신은 혼돈混沌이다. 숙과 홀이 자주 서로 함께 혼돈의 땅에서 만났는데 혼돈은 그들을 매우 잘 대접하였다. 숙과 홀이 혼돈의 은혜를 갚을 방법을 의논하여 말하였다. "사람들은 모두 일곱 구멍이 있어서 보고 듣고 먹고 숨 쉬는데, 유독 혼돈만이 없으니 시험 삼아 한 번 뚫어 주자." 매일 한 구멍씩을 뚫은 지 7일 째 되는 날에 바로 혼돈이 죽었다.

....

장자는 위의 이야기를 통해 자연의 순리에 위배되는 경우에는 의도한 일이 어긋나게 되고 더 나아가 끔찍한 결과를 초래할 수 있다면서 자연과 조화를 이루어 순응하는 삶을 강조했다.

숙, 홀은 시간의 신으로서 인간의 작위적인 문명을 상징한다면, 혼돈은 무위의 자연을 상징한다. 혼돈은 감각, 지각이 없다. 그러므로 선악시비를 구분할 수 없다. 숙, 홀은 자신들과 다른 존재의 삶을 이해하지 못해서 혼돈의 비극을 초래한다.

칠규 감각기관의 욕구나 판단에 의거한 변별적 인식의 결과는 일체의 차별적 지식이 아직 발생하지 않았던 혼돈이란 제물齊物 상태의 생명력을 잃게 만든 것이다.

칠규로 이루어진 감각기관의 변별적 인식은 물物에 대한 욕망을 발생시켜서 마음의 고통과 불안을 초래한다. 물物로 인한 고통으로부터 벗어나서 정신적 해방을 누리기 위해서는 물物을 이겨내 다치지 않아야 된다. 장자에서 언급되는 물物이란 사태, 사물, 사건, 일 등을 다 포함하지만 상당수는 사태를 의미한다.

혼돈이란 그저 어떤 구별도 없고 뒤엉킨 것으로서 무심으로 변화에 맡기는 것이다. 숙과 홀은 선의의 보은이라는 편견 하에 혼돈에게 구멍을 뚫었다. 그것이 혼돈에게는 고통이다. 뚫는 것은 대상에 대한 거친 변경을 강요하는 것으로서, 그것은 자기를 중심으로 상대를 가늠하는 일방적인 가학이다.

구심력인 혼돈을 원심력인 숙과 홀이 해체하는 양태가 바로 근본을 지엽으로 훼손시키고, 자연을 인위로 희생시키며, 개성을 보편으로 뒤덮음을 상징한다.

나의 선의가 상대에게는 죽음이 될 수도 있다. 내가 이해하는 방식으로 상대를 대하는 것이 불행이라는 것을 경고하고 있다. 양극점에 머무는 숙과 홀은 빠르다는 뜻이다. 그냥 빨리 움직이는 존재일 뿐이다. 정중앙에 있는 혼돈은 움직이지 않는다. 북극성이나 도추道樞와 같은 위치이다.

이 혼돈의 우언은 《좌전左傳》과 《산해경山海經》에도 나와 있는 신화적인 얘기다.

《회남자淮南子》에서도 이 세계가 탄생하기 전의 모습을 암흑인 혼돈, 즉 카오스였다고 기록하고 있다.

《구약·창세기》에도 태초의 세계를 혼돈과 어둠으로 말하고 있다.

하나님의 천지 창조 7일째 쉬는 날 장자의 혼돈은 죽었다. 7이라는 숫자가 묘하게 겹친다.

숙과 홀이 지닌 일곱 개의 구멍은 감각 기관이므로 곧 인간을 상징하는 것이기도 하다. 혼돈이 숙, 홀에게 죽임을 당했다는 것은 혼돈의 시대가 막을 내리고 시간의 질서가 지배하는 역사 시간이 시작되었음을 뜻한다.

〈창세기〉의 인간을 최후에 만들고 만물을 지배하라는 명령을 내림으로써 인간 중심을 표명하고 있는 것과도 서로 유사한 점이 발견된다.

이 우언에서 유래된 고사성어

혼돈착규混沌鑿竅, 혼돈착混沌鑿 : 순리를 거스르는 행위는 재앙을 초래한다는 뜻이다.

混沌鑿竅
혼돈착규

南海之帝爲儵, 北海之帝爲忽, 中央之帝爲混沌. 儵與忽時相與遇於
남해지제위숙, 북해지제위홀, 중앙지제위혼돈. 숙여홀시상여우어

混沌之地, 混沌待之甚善. 儵與忽謀報混沌之德, 曰 : "人皆有七竅以
혼돈지지, 혼돈대지심선. 숙여홀모보혼돈지덕, 왈 : "인개유칠규이

視聽食息, 此獨無有, 嘗試鑿之." 日鑿一竅, 七日而混沌死.〈應帝王〉
시청식식, 차독무유, 상시착지." 일착일규, 칠일이혼돈사.〈응제왕*〉

---

* 본문은 〈응제왕 應帝王〉 편에 있는 내용이다.
  응제왕에는 7개의 우언이 실려 있고, 혼돈의 이야기는 그 중의 하나이다.
  응제왕에 대한 해석은 분분한데, 크게 제왕을 현실의 군주로 볼 것인가? 아니면

94

우주적 차원의 최고 지위자로서의 도道라고 볼 것인가에 따라 의미가 다를 수 있다. 그리고 응을 문법적으로 어떻게 다룰 것인가에 따라 다르다.

먼저 제왕의 의미를 보면, 전반부의 4개 우언에서는 제왕론적帝王論的 관점으로, 후반부의 3개 우언에서는 응물론적應物論的 관점으로 해석할 수 있다.

그리고 응은 전반부의 4개 우언에서는 부합 또는 응답으로, 후반부의 3개 우언에서는 대응 또는 순응으로 해독하는 것이 장자 사상이나 문맥에서 자연스럽다. 이렇게 볼 때 응제왕은 현실군주에게 부합되거나 제왕에 대한 물음에 응답하는 것, 또는 도에 대응하거나 순응하는 것으로 해석될 수 있다.

장자 내편은 위 이야기에서 끝난다. 결국 장자 내편의 첫 우언이 절대 자유를 갈구하는 붕새의 비상으로부터 시작했고, 내편의 끝 우언은 혼돈의 죽음으로 마치게 되는 것이다.

34. 뿌리의 상실

장과 곡이 양을 잃어버리다 臧穀亡羊

　장臧과 곡穀이 함께 양을 치다가 모두 양을 잃어버렸다. 장에게 어찌된 일인지 물으니, 책을 읽다가 그만 양을 잃어버렸다는 것이다. 곡에게 어찌된 일인지 물으니, 노름을 하다가 그만 양을 잃어버렸다는 것이다. 이 두 사람은 하는 일이 달랐지만 양을 잃어버린 점에 있어서는 같은 것이다.

....

　이 우언은 장자가 도척과 백이의 사례를 들어 죽음의 본질에 대해 역설한 이야기와 함께 나온다.

　장과 곡은 책을 읽거나 노름하다가 양을 잃어버렸다. 백이와 도척은 명예를 위하거나 이익을 위하다가 목숨을 잃어버렸다. 본성을 손상시키고 삶을 해쳤다는 점에서 양쪽이 모두 같은 것이다. 여기서 장자는 명예나 이익을 추구하기 위해 생명을 해치는 것이 자연의 순리에 위배된다는 것을 강조했다.

　유사 이래로 인류는 왜 이리도 시끄럽고 어지럽던가? 《장자》에서는 항구불변의 자연의 본성을 잃었기 때문이라고 한다. 유가의 성군이라 일컫는 요, 순 임금도 인의니 예악이니 하는 억지를 걸어 놓았고, 사상가 양자 묵자도 변론이라는 궤변으로 자연의 질서를 덧붙이거나 갈라지게 하였다.

오리다리가 짧다고 이어줄 수 없고, 학의 다리가 길다고 자를 수 없는 법이다. 네 발가락이나 여섯 손가락도 억지로 떼거나 붙이면 울게 된다. 인의는 아교나 노끈과도 같아서 인간을 자연의 도와 덕 속에 억지로 묶어 놓는 것이다. 인위적 외물이 본래의 천성을 바꿔 놓아 버린다.

소인은 이익을 위해서, 선비는 이름을 위해서, 대부는 국가를 위해서, 성인은 천하를 위한다는 명분을 내세워 천성을 죽이고 몸을 희생시켰다. 똑같은 결말이다. 단지 거기에 매달렸던 수단을 구분하고 차이를 두면서 평가하고 있을 뿐이다.

이 우언에서 유래된 고사성어

장곡지양臧穀之羊, 장곡망양臧穀亡羊, 곡역망양穀亦亡羊 : 모두 동기는 다르지만 그 결과가 똑같이 나쁨을 비유하는 뜻이다.

臧穀亡羊
장곡망양

臧與穀二人相與牧羊而俱亡其羊. 問臧奚事, 則挾策讀書;
장여곡이인상여목양이구망기양. 문장해사, 즉협책독서;

問穀奚事, 則博塞以遊. 二人者, 事業不同, 其於亡羊均也. 〈駢拇〉
문곡해사, 즉박새이유. 이인자, 사업부동, 기어망양균야. 〈변무*〉

---

* 본 〈변무〉 편에서부터 외편이 시작되는데, 뒤에 이어지는 잡편에서도 편명의 제목은 대부분 편 머리의 두 글자를 따서 지었다.

35. 훼손의 방식
백락의 말 길들이기 伯樂之馬

　말은 발굽으로 서리와 눈을 밟을 수 있고, 바람과 추위를 막을 수 있다. 풀을 뜯어 먹고 물을 마시며 다리를 높이 들어 도약할 수 있다. 이것이 말의 본래 습성이다. 설령 높은 누대와 큰 전각이 있다 할지라도 그것을 쓸 일이 없다.

　그런데 백락[진秦 나라 목공穆公 때 말을 가장 잘 부렸다는 자]이란 사람이 "나는 말을 잘 다스린다."고 말했다. 그러고서 그는 말의 몸에 낙인을 찍고, 말갈기와 꼬리털을 칼로 자르며, 말발굽을 도려내고, 뜨겁게 달군 쇠로 말발굽에 편자를 박았다. 머리에 굴레를 씌우고 발을 얽어 말 구유통을 따라 마구간에 매어놓으니 죽는 말이 열에 두셋이었다. 굶주리고 목마르게 만들며, 달리고 뛰게 하며, 정돈하고 가지런하게도 하였다. 앞에는 재갈과 머리 부착물의 위해가 있고, 뒤에서도 채찍의 위협에 시달리니 죽는 말이 이미 절반을 넘었다.

······························

　말의 본성을 훼손하여 절반 넘게 말을 죽인 백락은 말을 잘 부리는 자라고 할 수 없다. 마찬가지로 자연의 도道와 덕德을 훼손하고 인위의 인仁과 의義를 행하게 함으로써 천하를 의심케 하고 분열하게 한 성인은 천하를 잘 다스렸다고 할 수 없다. 위의 이야기는 도道와 덕德을 훼손하고 인仁과 의義를 만든 유가 성인의 과오를 지적하며, 소박하게 본래의 품성을 온전하게 해야됨을 말하고 있다.

백락은 순종적인 말의 본성을 흉포하게 만드는데도 말을 잘 다루는 사람이라고 칭찬을 받는다. 진흙을 빚는 옹기장이와 나무를 깎는 목수는 억지로 만든 틀에 흙과 나무를 집어넣는데도 잘 다루는 사람이라고 칭찬받는다. 천하를 잘 다스린다고 칭송을 받는 성인도 마찬가지다. 그러나 느릿하고 소박한 본성대로 살아가는 세계에서는 백락도 성인도 동덕同德이나 천방天放이라고 일컫는 무위자연의 자유를 속박하는 죄인에 불과하다는 이야기다.

伯樂之馬
백 락 지 마

馬, 蹄可以踐霜雪, 毛可以禦風寒, 齕草飮水, 翹足而陸, 此馬之眞
마, 제가이천상설, 모가이어풍한, 흘초음수, 교족이륙, 차마지진

性也. 雖有義臺路寢, 無所用之. 及至伯乐, 曰: "我善治马." 燒之,
성야. 수유의대로침, 무소용지. 급지백락, 왈: "아선치마." 소지,

剔之, 刻之, 雒之, 連之以羈馽, 編之以皁棧, 馬之死者十二三矣:
체지, 각지, 낙지, 연지이기칩, 편지이조잔, 마지사자십이삼의:

饑之, 渴之, 馳之, 驟之, 整之, 齊之, 前有橛飾之患, 而後有鞭策
기지, 갈지, 치지, 취지, 정지, 제지, 전유궐식지환, 이후유편책

之威, 而馬之死者已過半矣. 〈馬蹄〉
지위, 이마지사자이과반의. 〈마제〉

36. 권력을 훔친 도둑
큰 도둑을 조심해라 提防巨盜

　사람들은 작은 상자를 열고 자루를 뒤지며 궤짝을 뜯는 도둑을
막기 위해서 반드시 노끈을 팽팽하게 묶고 빗장과 자물쇠를 튼튼
하게 한다. 이것이 세속에서 말하는 지혜이다.

　그러나 큰 도둑은 궤짝을 등에 지고 상자를 손에 들며 어깨에
자루를 메고 도망치면서 오직 노끈이나 빗장 또는 자물쇠가 튼튼
하지 않을까봐 걱정한다.

　이렇게 본다면 앞서 말했던 세속의 지혜는 오히려 큰 도둑을
위하여 재물을 쌓아둔 꼴이 아닌가?

....

　이 대목에 나오는 노끈, 빗장, 자물쇠는 인의仁義와 같은 유가의 덕목
을 의미한다. 나라를 빼앗거나 재물을 훔치는 큰 도둑들은 인의仁義를
표방하면서 자신들의 행위를 합리화하였다. 그러나 그들이 말하는 인의
는 큰 도둑질을 감추기 위한 것이다. 유가 성현의 가르침이 도리어 큰
도둑들을 합리화시켜 그들을 보호하는 수단으로 이용되고 있음을 비판
하고 있다.

　노자의 구절과 유사한 역설적인 설명을 하고 있다. 세속의 성인이나
지혜롭다는 자들은 도리어 큰 도둑을 도와주는 자들이다. 그들이 세운

국가를 반란자들이 차지하고 도적질하면서 성인의 지혜에서 나온 법도 까지도 나라를 훔친 자들의 보호막으로 활용해버렸다. 결국 성인들이 도둑을 위해 물건을 쌓아두고 지켜준 꼴이 되었다. 고대 중국에서 왕에게 충언을 하다가 비참하게 죽어간 비간比干 같은 충신이나, 천하를 휩쓸며 도적질한 대도 도척盜跖이나, 모두 성인이 주장한 인의의 도를 들어 자신을 대변하였다. 갈고리 하나를 훔친 자는 죽임을 당했지만, 나라를 도둑질하여 차지한 자는 제후가 되었다. 그리고 인의를 표방하여 문에 내걸었다. 이는 다 성인의 잘못이다. 유가의 인의가 허울이고 가식이라는 것을 없애야 세상이 태평할 수 있다는 주장이다.

提防巨盜
제방거도

將爲胠篋探囊發匱之盜而爲守備, 則必攝緘縢固扃鐍, 此世俗之
장위거협탐낭발궤지도이위수비, 즉필섭함등고경휼, 차세속지

所謂知也. 然而巨盜至, 則負匱揭篋擔囊而趨, 唯恐緘縢扃鐍之
소위지야. 연이거도지, 즉부궤게협담낭이추, 유공함등경휼지

不固也. 然則鄕之所謂知者, 不乃爲大盜積者也?〈胠篋〉
불고야. 연즉향지소위지자, 불내위대도적자야?〈거협〉

37. 도적의 오류

도적에게도 도가 있다 盜亦有道

도척의 제자가 도척에게 물었다. "도적에게도 성인의 도가 있습니까?"

도척이 대답했다. "어디를 간들 성인의 도를 따르지 않겠느냐! 방 안에 있는 숨겨진 재물을 수월하게 예상하는 것은 현명함이고, 먼저 들어가는 것은 용기이고, 적의 퇴로를 끊는 것은 의리이고, 적절한지 아닌지를 판단해 착수하는 것은 지혜이고, 공평하게 나누는 것은 인덕이다. 다섯 가지를 갖추지 않고서 대도가 된 사람은 천하에 없었다."

....

도적에게도 그들만의 준칙이 있다. 성인의 덕목으로 언급되는 성聖, 용勇, 의義, 지知, 인仁은 도적들 사이에서도 대도가 되기 위해 반드시 갖추어야 할 것들이라고 이야기하고 있다.

성인들로부터 제시된 이러한 덕목들이 오히려 악용되는 현실을 두고 《장자》에서는 윤리적 기만에 대한 근본적인 문제를 제기하고 있다.

도역유도盜亦有道 : 도둑에게도 도가 있다는 뜻으로 설사 도둑일지라도 도둑질을 합리화할 수 있는 그들의 행위준칙을 내세운다는 의미이다. 이는 나라를 훔친 위정자들을 겨냥한 말이기도 하다.

盜亦有道
도역유도

跖之徒問於曰: 盜亦有道乎? 跖曰: 何適而無有道邪! 夫妄意室
척지도문어왈: 도역유도호? 척왈: 하적이무유도야! 부망의실

中之藏, 聖也, 入先, 勇也. 出後, 義也. 知可否, 知也. 分均, 仁也.
중지장, 성야, 입선, 용야. 출후, 의야. 지가부, 지야. 분균, 인야.

五者不備而能成大盜者, 天下未之有也.〈胠篋〉
오자불비이능성대도자, 천하미지유야.〈거협〉

38. 무심한 눈

상망이 구슬을 찾아내다 象罔索珠

황제黃帝가 적수의 북쪽을 둘러보러 가면서 곤륜산 정상에 올라가 남쪽을 바라보았다. 그런데 돌아오는 길에 검은 구슬을 잃어버렸다. 황제가 지知에게 구슬을 찾게 하였으나 찾지 못했다. 리주離朱에게도 찾게 하였으나 찾지 못했다. 끽후喫詬에게도 찾게 하였으나 찾지 못했다. 마침내 상망象罔(이름의 뜻이 형상이 없다는 것)에게 찾게 하였더니 상망이 구슬을 찾았다. 황제는 말했다. "이상하구나. 상망이라야 구슬을 찾을 수 있다니!"

....

본문에 나오는 지는 뛰어난 지성을 가진 자이고, 리주는 눈이 밝은 자이며, 끽후는 언변이 좋은 자이다. 이들은 지각이나 감각에 뛰어난 능력을 지닌 자들이다. 반면 상망은 지각과 감각이 없는 무심한 자이기 때문에 지, 리주, 끽후도 찾을 수 없었던 검은 구슬을 찾을 수 있었다.

이 이야기를 통해 장자는 진정한 도는 지각과 감각으로 알 수 없음을 밝히고 있다.

여기서 검은 구슬 현주는 《노자》의 현덕玄德과 같은 의미로서 도를 비유하는 것이다. 이는 무심에 합치되고 천지와 합일되는 현묘한 도의 경지를 비유한 것이다. 도는 세속의 지혜나 총명, 그리고 언론의 속성과는 다른 세계라는 것이다.

현주玄珠 : 진정한 도를 말한다.

상망색주象罔索珠 : 진정한 도는 얽매이지 않은 자연스러운 마음에서
찾을 수 있음을 말한다.

象罔索珠
상망색주

黃帝遊乎赤水之北, 登乎崑崙之丘而南望, 還歸遺其玄珠使知索
황제유호적수지북, 등호곤륜지구이남망, 환귀유기현주사지색

之而不得, 使離朱索之而不得, 使喫詬索之而不得也. 乃使象罔,
지이부득, 사리주색지이부득, 사끽후색지이부득야. 내사상망,

象罔得之. 黃帝曰 : 異哉! 象罔乃可以得之乎? 〈天地〉
상망득지. 황제왈 : 이재! 상망내가이득지호? 〈천지〉

39. 편리함은 부끄러운 것

한수의 남쪽에 사는 노인장 漢陰丈人

공자의 제자 자공子貢이 남쪽 초楚나라에서 노닐다가 진晉나라로 돌아오며 한수漢水의 남쪽을 지났다. 그때 마침 어떤 노인장이 채소밭에서 일하는 것을 보았다. 노인장은 땅을 파서 길을 내고 우물에 들어가서 항아리에 물을 담아 안고 나와서 밭에 물을 댔다. 끙끙대며 무척 힘을 들이지만 효과는 적어 보였다.

자공이 말했다. "여기에 있는 기계는 하루에 백 이랑이나 물을 댑니다. 힘은 아주 조금 들이고 효과는 크게 거두는데 어르신은 원하지 않으십니까?"

밭일하던 노인이 고개를 들어 자공을 보고는 말했다. "어떻게 하는 건데?"

자공이 대답했다. "나무에 구멍을 뚫어 기계를 만듭니다. 뒤쪽은 무겁게하고 앞쪽은 가볍게 해서 잡아당기듯 물을 끌어 올립니다. 빠르기가 샘물이 넘치는 듯 하니 그 이름은 용두레라고 합니다."

밭일하던 노인은 발끈하며 낯빛을 바꾸고 비웃으면서 말했다. "내가 내 스승님에게 듣기로는 기계를 가진 자는 반드시 기사機事(기회를 틈타 교묘하게 이익을 위하는 일)가 있고, 기사를 지닌 자는 반드시 기심機心(간교한 속임수를 쓰려는 심리)이 있다. 기심이 마음속에 있으면 순백함이 갖추어지지 않으니 신생神生(갓 태어날 때와 같이 순수한 마음)이 불안정하다. 신생이 불안정한 자에게는 도가 깃들지 않는다. 내가 편리함을 모르지는 않지만 부끄러워 쓰지 않을 뿐이다."

....

이 이야기를 통해 장자는 편리함을 추구하고자 하는 마음이 이기적이고 간교한 마음으로 연결될 수 있음을 지적한다.

오늘날 제4차 산업이라는 첨단 기술이 우리의 장래를 좌우할 것이라고 한다. 그 관심이 온통 집중된 시점에서 위 우언은 까마득한 옛날이야기처럼 들려온다. 장자의 기심에 대한 이야기는 격세지감을 지울 수 없다. 그러나 요즈음 손에서 잠시도 떼놓지 못하는 핸드폰은 어떤가? 신속하고 다양한 검색과 알거리를 접할 수 있지만, 그 댓가로 조급하게 시간의 노예가 되고, 정보와 광고의 홍수에 휩쓸려 가버리기도 하며, 일과 외물에 속박을 당하기도 한다.

《장자》에서 위대한 진인의 천하 다스림은 백성들의 마음을 자유로이 풀어 놓는 것이며, 그래야 자기의 정신과 육체를 모두 잊고 자연의 경지로 들어가게 된다는 것이다. 이것이 바로 실행해도 흔적이 없는 무위의 다스림이라고 한다.

이 우언에서 유래된 고사성어

포옹관원抱甕灌園, 포옹抱甕, 한음관漢陰灌, 한음기심漢陰機心, 한음기漢陰機, 한기漢機 : 물질적 편리함을 누린 만큼 간교하고 이기적인 마음이 생기는 것을 경계함을 뜻한다.

漢陰丈人
한음장인

子貢南遊於楚, 反於晉, 過漢陰, 見一丈人方將爲圃畦, 鑿隧而
자공남유어초, 반어진, 과한음, 견일장인방장위포휴, 착수이

入井, 抱甕而出灌, 搰搰然用力甚多而見功寡. 子貢曰: 有械於此,
입정, 포옹이출관, 골골연용력심다이견공과. 자공왈: 유계어차,

一日浸百畦, 用力甚寡而見功多, 夫子不欲乎? 爲圃者仰而視之曰:
일일침백휴, 용력심과이견공다, 부자불욕호? 위포자앙이시지왈:

奈何? 曰: 鑿木爲機, 後重前輕, 挈水若抽. 數如泆湯, 其名爲槔.
내하? 왈: 착목위기, 후중전경, 설수약추. 삭여일탕, 기명위고.

爲圃者忿然作色而笑曰: 吾聞之吾師, 有機械者必有機事, 有機事
위포자분연작색이소왈: 오문지오사, 유기계자필유기사, 유기사

者必有機心. 機心存於 胸中, 則純白不備, 純白不備, 則神生不定,
자필유기심. 기심존어흉중, 즉순백불비, 순백불비, 즉신생부정,

神生不定者, 道之所不載也. 吾非不知, 羞而不爲也. 〈天地〉
신생부정자, 도지소부재야. 오비부지, 수이불위야. 〈천지〉

40. 큰 길을 잃고 샛길에서
문둥병자가 아들을 낳다 厲人生子

문둥병에 걸려 외모가 추해진 사람이 한밤중에 그의 아이를 낳
았다. 황급히 등불을 가져와 그 아이를 자세히 살펴보았다. 급박
하게 마음을 졸이면서 오직 그 아이가 자기와 닮았을까만을 두려
워하였다.

....

비록 문둥병에 걸려 외모가 추해진 사람이라도 자기 자식만은 자기
를 닮지 않기를 바랐다. 유전이라고 인식했던 병을 자식에게 남기지 않
겠다면 어떻게 해야겠는가? 그 이치는 자명하다. 처음부터 아기를 갖지
말아야 한다. 그런데도 아이를 낳고 유전될까 봐 두려움에 떠는 것은
모순인데 그것이 모순된 것인 줄 모른다. 모두가 그런 형국이다. 낯선
길에서 여러 사람이 방향을 잃어 잘못 길을 들어서면 갈 길을 올바로
못 가는 경우와 같다. 원래의 본 길을 잃어버렸기 때문이다.
무위자연의 본성을 벗어나면 미혹된 자신을 파악하지 못하고 억지로
추구하게 된다. 오색, 오성, 오취, 오미의 감각에 본성을 잃고 홀리게
되어 미혹에 빠진다. 마치 문둥병 환자처럼 불가능한 것을 억지로 추구
하여 걱정에 빠지는 것과 같다. 본성을 잃어 위선과 왜곡, 그리고 모순
에 빠지면 마치 금수가 울안에 갇히고 죄수가 옥에 갇혀 있으면서도
스스로 진실을 체득했다고 여기는 것과 마찬가지이다.

얼마 전 까지만 해도 문둥병이나 나병이라 불린 이 병은 근래 발견한 노르웨이 학자 이름을 따서 한센병으로 불린다. 피부나 신경에 침투하는 균에 의해 발병되는데 치료제를 한 번만 복용해도 전염력이 소실된다. 지금 우리나라에는 80대 이상에서만 기존 병력자가 있을 뿐이다. 이전에는 유전병이나 전염병으로 오인하여 문둥이라는 낙인을 찍고 사회로부터 격리당하고 천대받았다. 일제 때부터 소록도에 병원을 세우고 이들을 강제 격리하여 문제가 되기도 하였다.

厲人生子
려인생자

厲之人夜半生其子, 遽取火而視之, 汲汲然唯恐其似己也. 〈天地〉
려지인야반생기자, 거취화이시지, 급급연유공기사기야. 〈천지〉

41. 경전은 성인의 찌꺼기
윤편이 책을 논하다 輪扁議書

    제환공이 당상堂上에서 글을 읽고 있었다. 윤편輪扁이 당하堂下에서 수레바퀴를 제작하고 있다가 몽치와 끌을 내려놓았다.

    그리고 당상으로 올라가 환공에게 물었다. "주제넘게 청컨대 왕께서 읽으시는 책은 누구의 말입니까?"

    환공이 대답했다. "성인의 말씀이다."

    그러자 윤편이 물었다. "성인은 살아계십니까?"

    환공이 대답했다. "이미 돌아가셨다."

    윤편이 말했다. "그렇다면 왕께서 읽으시는 것은 옛날 사람의 찌꺼기일 뿐입니다."

    환공이 말했다. "과인이 책을 읽는데 수레바퀴나 만드는 놈이 어찌 함부로 논평을 할 수 있단 말인가? 합당한 이유를 댄다면 괜찮지만 그 근거를 대지 못한다면 죽음으로 다스리겠다."

    윤편이 말했다. "저는 저의 일을 가지고서 그것을 고찰해 보겠습니다. 수레바퀴를 깎아 만드는 데 있어서, 오래 더 깎으면 헐렁하여 단단하게 조여주지 못하고, 짧게 덜 깎으면 구멍이 작고 좁아 바퀴살이 끼워지지 않습니다.

    더 깎거나 덜 깎는 것을 손에서 터득하고 마음속까지 와 닿지만 말로는 표현할 수 없습니다. 더 깎고 덜 깎는 그 사이에 비결이 있는 것입니다. 그러므로 저는 이 비결을 제 자식에게도 깨우쳐 줄 수도 없고, 제 자식도 저로부터 그것을 전수받을 수 없습니다. 그러기에 칠십의 나이까지도 여전히 수레바퀴를 제작하고 있습니다. 옛날 사람도 마찬가지로 전할 수 없는 채로 죽었습니다. 그렇다면 왕께서 읽고 계신 책은 옛날 사람의 찌꺼기일 뿐입니다."

....

이 우언에서 장자는 신분이 비천한 장인을 통하여 진리의 도는 입과 글로 전할 수 없다는 이치를 설명한다. 그 시대 사람들은 말을 전하는 성인의 책을 귀하다고 여겨왔지만, 장자는 오히려 성인의 책은 옛날 사람의 찌꺼기라고 여긴다. 말과 소리를 귀로 듣고, 형체와 색깔을 눈으로 보는 것만으로는 사물의 실질을 알 수 없다. 진리의 도는 귀나 눈으로 전수받을 수 없고 오직 체험을 통해서만 가능하다는 의미이다. 언어와 도의 관계에서 이론이나 인식보다는 실질이나 체험이 중요하다는 것이다.

깊은 진리의 본체는 말이나 글로써 전수될 수 없다. 도의 진실은 이론이나 인식의 차원을 넘어서 체험과 실제의 영역이기 때문이다. 보아서 볼 수 있는 것은 모양과 빛이고, 들어서 들을 수 있는 것은 이름과 소리이다. 이것으로 진실의 도를 알 수 없다. 그래서 아는 자는 말하지 않고, 말하는 자는 알지 못한다고 했다. '글로는 말을 다 할 수 없고, 말로는 뜻을 다할 수 없다.' 불교의 불립문자不立文字나 이심전심以心傳心도 같은 의미다.

윤편착륜輪扁鑿輪, 노착륜老鑿輪, 착륜로수鑿輪老手, 윤편輪扁 : 재주에 정통하고 경험이 풍부한 사람을 가리킨다.

착륜부전鑿輪不傳 : 기술은 입과 글로 전할 수 없다.

득지어심得之於心, 응지어수應之於手, 득심응수得心應手, 묘수심득妙手心得, 심수상응心手相應 : 마음속으로 어떻게 만들까 생각하면, 손이 곧 그렇게 만들 수 있다.

조박糟魄 : 원래 뜻은 찌꺼기라는 뜻이지만, 오늘날에는 가치가 없는 사물을 말할 때 쓰인다.

특히 득심응수得心應手와 심수상응心手相應은 오늘날 많이 쓰인다.

輪扁議書
윤편의서

桓公讀書於堂上, 輪扁鑿輪於堂下, 釋椎鑿而上, 問桓公曰:
환공독서어당상, 윤편착륜어당하, 석추착이상, 문환공왈:

敢問, 公之所讀者何言邪? 公曰: "聖人之言也." 曰: "聖人在乎?"
감문, 공지소독자하언야? 공왈: "성인지언야." 왈: "성인재호?"

公曰: "已死矣." 曰: "然則君之所讀者, 故人之糟魄已夫!"
공왈: "이사의." 왈: "연즉군지소독자, 고인지조백이부!"

桓公曰: "寡人讀書, 輪人安得議乎! 有說則可, 無說則死."
환공왈: "과인독서, 윤인안득의호! 유설즉가, 무설즉사."

輪扁曰: "臣也以臣之事觀之. 鑿輪, 徐則甘而不固, 疾則苦而不入.
윤편왈: "신야이신지사관지. 착륜, 서즉감이불고, 질즉고이불입.

不徐不疾, 得之於手而應於心, 口不能言, 有數存焉於其間.
불서부질, 득지어수이응어심, 구불능언, 유수존언어기간.

臣不能以喩臣之子, 臣之子亦不能受之於臣, 是以行年七十而
신불능이유신지자, 신지자역불능수지어신, 시이행년칠십이

老斲輪. 古之人與其不可傳也死矣, 然則君之所讀者, 古人之糟
로착륜. 고지인여기불가전야사의, 연즉군지소독자, 고인지조

魄已夫!"〈天道〉
박이부!"〈천도〉

42. 세상은 변하는데
이미 쓰고 버려진 짚 강아지 己陳芻狗

공자가 서쪽 위나라에서 유세하러 다닐 때, 공자의 제자인 안연顔淵이 노나라 악관의 책임자인 태사 사금師金에게 물었다. "이번 저희 선생님의 유세는 어떻게 될 것 같습니까?" 사금이 말했다. "애석하게도 그대의 선생님은 아마도 곤궁한 일을 당할 것입니다." 안연이 말했다. "무엇 때문입니까?"

사금이 말했다. "대저 제사에 쓰이는 짚 강아지는 진열하여 바치기 전에는 대나무 그릇에 담아서 무늬를 수놓은 수건으로 덮고 제사를 주관하는 시축屍祝이 재계하고서 그것을 바칩니다.

그러나 이미 진열하여 바치고 나면 길 가던 사람들이 그것의 머리와 척추를 짓밟고 풀 베는 사람이 그것을 주워 불을 피울 뿐입니다. 장차 어떤 사람이 또 그것을 주워 대나무 그릇에 담고 무늬를 수놓은 수건으로 덮어 그 아래에서 한가로이 머물며 잠을 잔다면 그는 악몽을 꾸고 반드시 가위에 눌리게 될 것입니다.

지금 그대의 선생님 또한 선왕이 이미 진열하고 바친 짚 강아지를 주워 제자들을 불러 모으고 그 아래에서 한가로이 머물며 잠을 자고 있습니다. 그러므로 송나라에서 나무가 베어지는 위협을 당하였고, 위나라에서 쫓겨 발자취를 지우게 되었으며, 상나라와 주나라에서 곤궁한 일을 당한 것입니다. 이것이 그 악몽 아니 겠습니까? 진나라와 채나라 사이에서 포위를 당하여 칠일 동안 익힌 음식을 먹지 못하고 생사의 경계를 넘나들었으니 이것이 그 가위눌림 아니겠습니까?"

....

공자가 위나라로 유세를 떠날 때 공자의 제자 안연과 악사 사금 사이의 대화 내용이다. 공자의 시대착오적인 상고주의는 반드시 실패할 것이라는 사금의 지적이다. 위에 언급된 짚 강아지는 주나라의 예의와 법도를 뜻한다.

예의와 법도는 시대에 따라 변화하는 것이다. 그러나 공자는 시대의 변화에 순응하지 않고 몇 백 년이나 지난 주나라 예법의 전통을 그대로 위나라 노나라에 재현하려 하였다. 《장자》에서는 이렇게 시대의 변화를 거스르면 환란을 당할 것이라고 한 것이다.

예의 법도라는 것은 제사 때 잠시 쓰고 나면 버리는 짚으로 만든 개나 다름이 없다. 공자가 예의 법도의 모범으로 흠모하는 주공의 옷을 원숭이에게 입힌다면 원숭이는 갈기갈기 찢어버릴 것이다.

시대의 변화에 따른 차이도 이와 같이 현저하게 다를 수밖에 없다. 주공의 시대와 공자의 시대간의 변화는 물과 뭍의 성질처럼 전혀 이질적이다. 변화를 외면하고 예의 법도에 안주하는 공자학파를 비판하는 내용이다.

이 우언에서 유래된 고사성어

이진추구已陳芻狗 : 시간이 흘러 쓸모의 가치가 전혀 없는 것을 뜻한다.

已陳芻狗
이진추구

孔子西遊於衛. 顏淵問師金曰: "以夫子之行爲奚如?" 師金曰:
공자서유어위. 안연문사금왈: "이부자지행위해여?" 사금왈:

"惜乎, 而夫子其窮乎哉!" 顏淵曰: "何也?" 師金曰: "夫芻狗之未
"석호, 이부자기궁호재!" 안연왈: "하야?" 사금왈: "부추구지미

陳也, 盛以篋衍, 巾以文繡, 尸祝齊戒以將之. 及其已陳也, 行者踐
진야, 성이협연, 건이문수, 시축제계이장지. 급기이진야, 행자천

其首脊, 蘇者取而爨之而已. 將復取而盛以篋衍, 巾以文繡, 遊居
기수척, 소자취이찬지이이. 장부취이성이협연, 건이문수, 유거

寢臥其下, 彼不得夢, 必且數眯焉. 今而夫子亦取先王已陳芻狗,
침와기하, 피부득몽, 필차삭미언. 금이부자역취선왕이진추구,

聚弟子游居寢臥其下. 故伐木於宋, 削迹於衛, 窮於商周是非其
취제자유거침와기하. 고벌목어송, 삭적어위, 궁어상주시비기

夢邪? 圍於陳蔡之間, 七日不火食, 死生相與隣, 是非其眯邪?"
몽야? 위어진채지간, 칠일불화식, 사생상여린, 시비기미야?"

〈天運〉
〈천운〉

43. 겉만 닮다 보면

추녀는 찌푸리는 것을 따라 하다 醜女效顰

서시西施는 심장병을 앓아 이맛살을 찌푸리고 동네를 돌아다녔다. 그 동네의 추녀가 그것을 보고 도리어 아름답게 여겼다. 추녀는 집에 돌아가 서시와 같이 양손으로 가슴을 움켜쥐고 이맛살을 찌푸리며 동네를 돌아다녔다. 그 동네의 부유한 자들은 추녀를 보고는 문을 굳게 닫고 밖으로 나오지 않았다. 가난한 자들은 추녀를 보고는 처자식을 데리고 달아났다. 추녀는 이맛살을 찌푸린 것이 아름답다는 것만을 알고 서시가 이맛살을 찌푸려도 어째서 아름다운지는 모른다. 애석하구나!

....

장자는 유가처럼 틀에 갇힌 상고주의 사고방식에 집착한다면 급변하는 세상에서 살아남을 수 없다고 여겼다. 이 이야기에서는 본질을 알지 못한 채 형식에만 얽매인 유가적 사고방식을 추녀에 빗대어 비판하고 있다.

앞의 이야기와 이어지는 내용으로서 미인의 껍데기만 모방했던 추녀의 곤혹한 처지를 드러냈다. 이와 마찬가지로 공자 역시 주공의 법도라는 껍데기만 추구하는 결말이 곤경에 처할 것이라는 지적이 담겨있다.

동시효빈東施效顰, 추녀효빈醜女效顰, 동린효빈東隣效顰 : 형식에 사로 잡혀 본질을 깨닫지 못하는 어리석음을 의미한다. 고착된 인식에 갇히면 진정한 면모를 볼 수 없다는 의미로 파생된다.

醜女效顰
추녀효빈

西施病心而顰其里, 其里之醜人見之而美之, 歸亦捧心而顰其里.
서시병심이빈기리, 기리지추인견지이미지, 귀역봉심이빈기리.

其里之富人見之, 堅閉門而不出, 貧人見之, 挈妻子而去走.
기리지부인견지, 견폐문이불출, 빈인견지, 설처자이거주.

彼知顰美而不知顰所以美. 惜乎! 〈天運〉
피지빈미이부지빈소이미. 석호! 〈천운〉

44. 세계는 넓다
하백이 북해에 가다 河伯之海

가을철이 되어 물이 불어나자 무수히 많은 강물이 황하로 흘러들어갔다. 거대한 물결이 질펀하게 흐르니 황하의 양 기슭과 물 가운데의 모래톱 사이에 있는 소와 말조차도 분간되지 않았다. 이에 황하의 신 하백河伯이 흔연히 스스로 기뻐한 나머지 천하의 아름다운 장관이 모두 자기에게 있다고 생각했다.

하백이 동쪽으로 물의 흐름을 따라가서 북해에 이르렀다. 동쪽을 바라보니 물의 끝이 보이지 않았다. 이에 하백이 비로소 얼굴을 돌려 북해의 신 약若을 멍하니 우러러보며 감탄하여 말하였다.

"속담에 이르기를 '도리를 좀 많이 알게 되면 자기보다 나은 사람이 없다고 여긴다.'라는 말이 있는데 이는 나 같은 사람을 두고 한 말 같소.

또한 나는 일찍이 어떤 사람이 공자의 박학을 적다고 여기고, 백이의 덕행을 경시했다고 들은 적이 있는데, 처음에는 믿지 않았소. 이제야 나는 끝을 헤아리기 어려운 그대의 모습을 보게 되었소. 내가 당신의 문하에 이르지 않았다면 엉망이 되었을 것이고, 큰 이치를 깨달은 사람에게 길이 웃음거리가 되었을 것이오."

이 이야기는 강의 신 하백과 바다의 신 북해 사이의 유명한 7문 7답의 맨 앞부분으로서 하백의 생각만 소개된 부분이다. 좁은 시야에 갇혀 있던 하백이 드넓은 세계를 경험한 뒤 자만심을 버리고 더 큰 세계를 바라보고 인정하는 겸허한 자세부터 이야기가 시작된다.

황하는 양안으로 가로막혀 있다. 여기서만 살아 온 하백은 바다처럼 끝없는 세계가 있는지조차 모른다. 이것은 우물 안 개구리와 다를 바 없다. 그렇다면 우리는 어떻게 해야 이러한 한계에서 벗어나 더 넓은 세계로 나아갈 수 있을까? 이 책에는 실리지 못했지만 뒤이어 길게 이어지는 하백과 북해약의 대화에서 이러한 실마리를 풀어가고 있다.

하백은 일상의 작은 지혜를 지닌 자로, 북해약은 도가적 큰 지혜를 지닌 자로 대변하여 문답을 전개하고 있다. 황하의 신 하백과 북해의 신 약의 문답에 의탁해서 무차별의 세계, 무구분의 만물, 무한정의 우주 질서를 설명하고 있다.

뒤로 이어지는 이야기에서 〈추수〉 편은 〈소요유〉나 〈제물론〉의 중요한 논지를 긴 문답의 형식으로 재구성하고 있다. 자기중심의 관점에서 대소나 귀천을 비교하는 것은 무한정한 차이를 보지 못하는 것이다. 외물이나 명예 등에 움직이지 않고 큰 지혜의 식견을 지니며 절대 평등의 입장에서 사물을 바라볼 것을 설명하고 있다.

이 우언에서 유래된 고사성어

망양흥탄望洋興嘆, 망양이탄望洋而嘆, 망양望洋, 향약경탄向若驚嘆, 참해약慚海若 : 남의 훌륭한 점을 보고 자신이 보잘것없다는 것을 느낀다. 이소대방貽笑大方, 견소대방見笑大方 : 전문가나 뛰어난 사람들로부터 비웃음을 받는다.

河伯之海
하백지해

秋水時至, 百川灌河, 涇流之大, 兩涘渚崖之間, 不辯牛馬, 於是
추수시지, 백천관하, 경류지대, 양의저애지간, 불변우마, 어시

焉河伯欣然自喜, 以天下之美爲盡在己. 順流而東行, 至於北海,
언하백흔연자희, 이천하지미위진재기. 순류이동행, 지어북해,

東面而視, 不見水端, 於是焉河伯始旋其面目, 望洋向若而歎曰:
동면이시, 불견수단, 어시언하백시선기면목, 망양향약이탄왈:

"野語有之曰: '聞道百以爲莫己若者', 我之謂也. 且夫我嘗聞少
"야어유지왈: '문도백이위막기약자', 아지위야, 차부아상문소

仲尼之聞而輕伯夷之義者, 始吾弗信: 今我睹者之難窮也, 吾非
중니지문이경백이지의자, 시오불신: 금아도자지난궁야, 오비

至於子之門, 則殆矣, 吾長見笑於大方之家." 〈秋水〉
지어자지문, 즉태의, 오장견소어대방지가." 〈추수〉

45. 대승은 작은 것에 지는 것
기가 현을 부러워하다 夔羨慕蚿

전설 속의 외발 짐승 기夔는 백 개나 되는 발을 가진 현蚿(노래기)을 부러워하고, 노래기는 뱀을 부러워했으며, 뱀은 바람을 부러워했고, 바람은 눈을 부러워했으며, 눈은 마음을 부러워했다. (이는 빠른 것을 서로 부러워한 것이다.)

기가 노래기에게 말했다. "나는 한 발로 깡충거리며 뛰어다니어찌할 방도가 없네. 지금 자네는 수많은 발을 부리고 있으니 어떻게 자네를 당할 수 있을 것인가?"

노래기가 말했다. "그렇지 않네. 자네는 침을 뱉는 사람을 보지 못했는가? 뱉는 것이 크면 진주 같고, 작으면 안개 같네. 뒤섞여서 떨어진 것은 이루 다 셀 수가 없네. 지금 자연적인 기능이 나를 움직이게 할 뿐이고 그것이 왜 그러한지는 모른다네."

노래기가 뱀에게 말했다. "나는 많은 발로써 길을 걷지만 발이 없는 자네만 못하니 어찌 된 일인가?"

뱀이 말했다. "무릇 자연적인 기능이 움직이게 하는 것을 내 어찌 바꿀 수 있겠는가? 그러니 내가 어찌 발을 쓸 필요가 있겠는가?"

뱀이 바람에게 말했다. "내가 나의 등과 옆구리를 움직이게 하여서 길을 가는 것은 그것이 발과 같아서 그러할 뿐이다. 지금 자네는 윙윙 북해에서 일어나, 윙윙 남해로 들어가지만 발 같은 것이 없으니 어찌 된 것인가?"

바람이 말했다. "그렇다. 나는 윙윙 북해에서 일어나, 윙윙 남해로 들어간다. 그러나 손가락으로 나를 막아내도 나를 이길 수 있고, 발로 나를 밟아도 역시 나를 이길 수 있다. 설사 그렇더라도 큰 나무를 부러뜨리고 큰 집을 날려버리는 것은 오직 나만이 해낼 수 있다. 그러므로 여러 작은 것에 이기지 못하는 것을 진정 위대한 승리로 여기는 것이다. 위대한 승리를 이룩할 수 있는 자는 오직 성인이라야 가능하다."

....

기, 노래기, 뱀, 바람 등은 모두 자연적으로 부여받은 기능에 만족하지 못하고 상대방을 부러워한다. 그러나 타고난 천연적인 기능은 알 수도 고칠 수도 없다. 눈에 보이는 상대적인 비교나 선망은 비교의 기준이 달라지면 허무하게 된다. 다소, 우열, 승패는 각도에 따라 전도되어 무가치하다. 오직 천연적인 나의 기능을 살려 나가면 되는 것이다. 그것을 버려두고 타물을 부러워한다면 끝내 자족하지 못하게 된다. 바람의 단계에 와서 작은 것에 이기지 못하는 것을 위대한 승리라고 한 부분은 앞의 눈에 보이는 것들과는 다른 차원으로 전개된다. 이렇게 할 수 있는 것은 성인뿐이다. 그 성인의 경지를 지닐 수 있는 안목과 마음이 갖추어져야 한다.

원문에서 눈과 마음에 대해서는 설명이 없다. 장자 특유의 여지를 남기는 우언의 필법이다. 국한된 기능을 자연적으로 주어진 기능이라고 여기고 굳이 남을 부러워하지 않는 눈과 마음이 필요하다. 안빈낙도와 같은 태도가 모든 것을 이겨내는 원천이 된다는 듯한 여운을 남기고 있다. 외발짐승 기는 《산해경·대황동경》에 나오는 상상 속의 짐승이다. 소와 같은데 뿔이 없고 푸른빛에 우레와 같은 소리를 낸다고 한다.

夔羨慕蚿
기선모현

夔憐蚿, 蚿憐蛇, 蛇憐風. (風憐目, 目憐心) 夔謂蚿曰: "吾以一
기련현, 현련사, 사련풍. (풍련목, 목련심) 기위현왈: "오이일

足趻踔而行, 予無如矣. 今子之使萬足, 獨奈何?" 蚿曰: "不然.
족침탁이행, 여무여의. 금자지사만족, 독내하?" 현왈: "불연.

子不見夫唾者乎? 噴則大者如珠, 小者如霧, 雜而下者不可勝數也.
자부견부타자호? 분즉대자여주, 소자여무, 잡이하자불가승수야.

今予動吾天機, 而不知其所以然." 蚿謂蛇曰: "吾以衆足而行,
금여동오천기, 이부지기소이연." 현위사왈: "오이중족이행,

而不及子之無足, 何也?" 蛇曰: "夫天機之所動, 何可易邪? 吾安
이불급자지무족, 하야?" 사왈: "부천기지소동, 하가역야? 오안

用足哉?" 蛇謂風曰: "予動吾脊脅而行, 則有似也, 今子蓬蓬然
용족재?" 사위풍왈: "여동오척협이행, 즉유사야, 금자봉봉연

起於北海, 蓬蓬然入於南海, 而似無有, 何也?" 風曰: "然. 予蓬蓬
기어북해, 봉봉연입어남해, 이사무유, 하야?" 풍왈: "연. 여봉봉

然起於北海而入於南海也, 然而指我則勝我, 鰌我亦勝我. 雖然,
연기어북해이입어남해야, 연이지아즉승아, 추아역승아. 수연,

夫折大木, 蜚大屋者, 唯我能也, 故以衆小不勝爲大勝也. 爲大
부절대목, 비대옥자, 유아능야, 고이중소불승위대승야. 위대

勝者, 唯聖人能之." 〈秋水〉
승자, 유성인능지" 〈추수〉

46. 바다와 샘물

우물 안의 개구리 坎井之蛙

얕은 우물에 사는 개구리가 동해에 사는 자라에게 말했다.

"나는 즐겁기만 하네! 나는 펄쩍 뛰어 우물 난간 위로 나가기도 하고, 우물 안으로 들어와 깨진 벽돌의 우물 벽에서 쉬기도 한다네. 물 위에 엎어지면 겨드랑이를 붙이고 턱을 받칠 수 있고, 진흙을 밟으면 발바닥이 잠기고 발등이 넘친다네. 장구벌레, 게, 올챙이를 다 돌아보아도 내 능력에 미치는 것이 없더군. 게다가 우물 하나를 통째로 독차지하여 두 다리를 벌리고 서 있으니 얕은 우물을 즐기는 것 또한 극치에 이르렀지! 그대는 왜 아무 때고 들어오지 않고 보기만 하는가?"

동해의 자라가 우물에 왼발을 들이기도 전에 오른쪽 무릎이 벌써 걸려 버리고 말았다. 이에 머뭇거리며 물러나더니 우물 안 개구리에게 바다 이야기를 해 주었다.

"바다는 천 리보다 멀어 그 크기를 헤아릴 수 없고 천 길 높이로도 그 깊이에 이를 수 없다네. 우임금 때 십년에 아홉 번 홍수가 났었어도 물이 불어남이 없었고, 탕 임금 때 팔 년에 일곱 번 가뭄이 들었어도 물이 줄어듦이 없었다네. 시간의 길고 짧음 때문에 변하지 않고, 양의 많고 적음 때문에 나아가거나 물러나지 않는 것 이 또한 동해의 큰 즐거움이라네."

얕은 우물의 개구리는 이 말을 듣고 안절부절 놀라 넋을 잃고
말았다.

....

위 내용은 조趙나라 명가名家인 공손룡公孫龍이 시비의 경계도 알지
못하는 지력智力으로 장자의 도道를 구하려고 하자 위魏나라 도가道家
인 공자 모牟가 그를 비판하며 한 이야기이다. 개구리가 사는 우물 밖에
광대무변廣大無邊한 동해가 있듯이 도道 역시 한계가 없다. 따라서 도를
현상세계에 얽매인 재지才智로써 논하는 것은 마치 개구리가 우물 안에
서 즐거움의 극치를 논하는 것과 같다. 이 이야기는 인간의 제한적인
인식을 지적함과 동시에 그것을 성찰할 때 비로소 도의 이치를 깨달을
수 있다는 것이다.

좁은 우물안의 개구리는 〈소요유逍遙遊〉의 하루살이나 매미처럼 얕
은 지식과 좁은 시야로 자신만의 생각에 갇혀서 진리라고 여기는 자의
상징이다.

> **이 우언에서 유래된 고사성어**
>
> 감정지와埳井之蛙, 정저지와井底之蛙, 정저와井底蛙, 정와지견井蛙之見,
> 정와井蛙, 좌정관천坐井觀天 : 모두 식견이 매우 좁음을 뜻한다.

坎井之蛙
감정지와

埳井之蛙謂東海之鱉曰: "吾樂與!" 出跳梁乎井幹之上, 入休乎
감정지와위동해지오왈: "오락여!" 출조량호정간지상, 입휴호

缺甃之崖; 赴水則接腋持頤, 蹶泥則沒足滅跗. 還視虷蟹與科斗,
결추지애; 부수즉접액지이, 궐니즉몰족멸부. 환시간해여과두,

莫吾能若也. 且夫擅一壑之水而跨跱, 埳井之樂, 此亦至矣! 夫子
막오능약야. 차부천일학지수이과치, 감정지락, 차역지의! 부자

奚不時來入觀乎?" 東海之鱉左足未入, 而右膝已縶矣. 於是逡巡
해불시래입관호?" 동해지별좌족미입, 이우슬이집의. 어시준순

而却, 告之海曰: "夫千里之遠, 不足以擧其大; 千仞之高, 不足以
이각, 고지해왈: "부천리지원, 부족이거기대; 천인지고, 부족이

極其深. 禹之時十年九潦, 而水弗爲加益; 湯之時八年七旱, 而
극기심. 우지시십년구료, 이수불위가익; 탕지시팔년칠한, 이

崖不爲加損. 夫不爲頃久推移, 不以多少進退者, 此亦東海之大
애불위가손. 부불위경구추이, 불이다소진퇴자, 차역동해지대

樂也." 於是埳井之蛙聞之, 適適然驚, 規規然自失也. 〈秋水〉
락야." 어시감정지와문지, 적적연경, 규규연자실야. 〈추수〉

47. 어설픈 흉내
한단에 걸음걸이를 배우러 가다 邯鄲學步

전국시대 연나라 수도인 수릉壽陵의 소년이 걸음걸이를 배우러 조나라의 수도 한단으로 갔다. 그러나 그는 한단 사람의 걸음걸이를 배우기도 전에 도리어 자신의 원래 걸음걸이조차 잃어버리게 되었다. 그는 단지 기어서 돌아올 수밖에 없었다.

....

이 이야기는 본래 타고난 자기 자신의 본성에 따라 살지 않고 남의 것을 맹목적으로 쫓는다면 어설픈 모방에 의해 자기 자신의 본성까지 상실할 수 있음을 시사하고 있다.

위 이야기 역시 趙조나라 공손룡公孫龍과 위魏나라 공자 모牟의 대화 중 한 단락이다. 공손룡은 자신의 제한적인 인식을 인지하지 못하고 재지와 변론으로써 장자의 도를 구하려 하였다. 이에 모牟는 한단에 걸음걸이를 배우러 간 소년을 예로 들어서 장자의 도는 재지나 변론으로는 추구할 수 없는 것임을, 또 그것으로써 도를 구하고자 한다면 그 어느 것도 견지하지 못할 것임을 경계한 것이다.

그리고 오묘한 이치는 논변으로 설명될 수 없음을 비유한 것이기도 하다. 사물을 구분하고 따지는 변론으로는 시공의 한계가 닿지 않는 높고 깊고 넓은 세계에 이르지 못한다. 마치 송곳으로 땅을 찔러보고 대통으로 하늘을 쳐다보는 격이다. 근본을 성찰하고 힘을 기울일 때라야 도의 추구가 가능한 일이다.

공손룡은 혜시와 더불어 논리학파인 명가의 대표적 인물이다. 공손룡은 같은 것을 다른 것으로 규정하는 '이견백離堅白'을, 혜시는 다른 것을 하나로 합치는 '합동이合同異'를 주장했다. 공손룡의 자만을 우물 안 개구리로, 장자를 흉내 내려는 모습을 한단의 걸음걸이로 풍자한 것이다.

이 우언에서 유래된 고사성어

한단학보邯鄲學步, 학보學步, 한단포복邯鄲匍匐 : 맹목적으로 남의 것을 흉내 내다가 원래 자신이 가지고 있는 기량마저 잃게 됨을 뜻한다.

邯鄲學步
한단학보

壽陵餘子之學行於邯鄲, 未得國能, 又失其故行矣, 直匍匐而歸耳.
수릉여자지학행어한단, 미득국능, 우실기고행의, 직포복이귀이.

〈秋水〉
〈추수〉

48. 궁궐과 전원, 선택의 기로에
진흙 속에 꼬리를 끌고 다니다 泥塗曳尾

　장자가 지금의 산동성 복현 남쪽에 있는 복수濮水에서 낚시를 하고 있었다. 초楚나라 위왕威王이 두 명의 대부大夫를 사자로 보내 장자를 초빙하고자 말했다. "저희 나라의 일을 맡아주시길 청합니다."

　장자는 낚싯대를 쥐고 돌아보지도 않고 말했다. "내가 들어보니 초나라에는 신령스러운 거북이가 있다는데 죽은 지 이미 삼천 년이 되었다고 합니다. 왕께서는 거북이를 비단으로 싸서 대나무 상자에 담아두고 종묘의 명당에 간직하고 있다지요. 이 거북이는 죽어서 유골이 되어 귀하게 여겨지기를 바랐을까요? 아니면 차라리 살아서 진흙 속에 꼬리를 끌고 다니기를 바랐을까요?"

　두 명의 대부가 말했다. "차라리 살아서 진흙 속에 꼬리를 끌고 다니기를 바랐을 것입니다."

　장자가 말했다. "돌아가세요! 나도 진흙 속에서 꼬리를 끌고 다닐 겁니다."

....

　진흙 속에서 노니는 거북이는 몸에 진흙이 묻어도 마음은 자유롭다. 반면에 비단에 싸여 종묘의 명당에 모셔진 신령스러운 거북이는 귀하게 대접을 받았지만 유골이 되어서까지도 구속당한다. 이 신구神龜는 〈외물外物〉 편에도 나온다. 초나라 왕이 제안한 재상의 자리를 장자가 승낙한다면 명성이나 권력과 같은 세속의 욕구를 얻을 수는 있지만 정신적 자유는 잃을 것이다. 그래서 장자는 "진흙 속에서 꼬리를 끌고 다닐 겁니다."라고 대답했던 것이다. 여기서 장자는 명성이나 권력에 구속되기보다 전원의 정신적인 자유로움을 추구하겠다고 주장한다.

명예의 구속을 벗어나 자연에 묻혀 살면서 타고난 삶의 자유를 희구하는 의지가 담겨있다. 권력욕을 버리고 자연과 더불어 유유자적하겠다는 자연인 장자의 모습이다.

이 우언에서 유래된 고사성어

니도예미泥塗曳尾, 도미도중掉尾塗中 : 세속의 가치에 구속당하지 않고 정신적 자유를 추구하는 것을 뜻한다.

泥塗曳尾
니도예미

莊子釣於濮水, 楚王使大夫二人往先焉, 曰: 願以境內累矣!
장자조어복수, 초왕사대부이인왕선언, 왈: 원이경내루의!

莊子持竿不顧, 曰: 吾聞楚有神龜, 死已三千歲矣, 王巾笥而藏之
장자지간불고, 왈: 오문초유신구, 사이삼천세의, 왕건사이장지

廟堂之上. 此龜者, 寧其死爲留骨而貴乎? 寧其生而曳尾於塗中乎?
묘당지상. 차구자, 영기사위류골이귀호? 영기생이예미어도중호?

二大夫曰: 寧生而曳尾塗中. 莊子曰: 往矣! 吾將曳尾於塗中.
이대부왈: 영생이예미도중. 장자왈: 왕의! 오장예미어도중.

〈秋水〉
〈추수〉

49. 고위 관직은 썩은 쥐
혜시가 양나라에서 재상을 맡다 惠子相梁

혜시가 양나라에서 재상의 자리를 맡게 되었다. 친구인 장자가 그를 보러 갔다.

어떤 사람이 혜시에게 말했다. "장자가 오는 것은 당신의 재상 자리를 빼앗아 대신 들어서려고 하는 것이오." 이에 혜시는 걱정이 되어 도성 안 여기저기에서 사흘 낮밤으로 장자를 찾았다.

장자가 이 소식을 듣고 찾아가 만나보고 말했다. "남방에 어떤 새가 있는데 그 이름이 봉황새의 일종인 원추라고 한다. 그대는 그것을 아는가? 저 원추는 남해에서 출발하여 북해까지 날아갈 때 오동나무가 아니면 깃들지 않고, 대나무 열매의 씨가 아니면 먹지 않으며, 단 샘물이 아니면 마시지 않는다.

그런데 바로 이때에 솔개가 썩어 문드러져 악취를 풍기는 죽은 쥐를 움켜쥐고 날아가고 있었다. 원추가 그 곁을 스쳐서 날자 솔개가 썩은 쥐를 빼앗길까 두려워 고개를 치켜들고 원추를 째려보면서 '꽥'하며 큰 소리를 질렀다네. 이제 그대는 양나라 재상 자리를 가지고 나에게 꽥 소리를 질러댈 셈인가?"

이 글에서 장자는, 혜자가 그토록 집착하는 재상 자리를 썩은 쥐에, 자신은 썩은 쥐를 거들떠보지도 않는 고결한 원추에 비유하면서 권세를 추구하는 삶을 폄하하고 있다.

권력욕에 사로잡히면 경쟁과 승리의 늪에 몰입되어 여기에 무관심한 상대조차 승패의 대상으로 간주한다. 과잉으로 의심하고 잠재된 열등도 거칠게 드러난다. 혜자가 친구인 장자를 대하는 태도가 그러하다.

이 우언에서 유래된 고사성어

치득부서鴟得腐鼠, 서혁양국부서鼠嚇梁國腐鼠 : 보잘 것 없는 것을 얻고 이를 잃을까 두려워한다는 뜻이다.

惠子相梁
혜자상량

惠子相梁, 莊子往見之. 或謂惠子曰: "莊子來 , 欲代子相." 於是
혜자상량, 장자왕견지. 혹위혜자왈: "장자래, 욕대자상." 어시

惠子恐, 搜於國中三日三夜. 莊子往見之, 曰: "南方有鳥, 其名曰
혜자공, 수어국중삼일삼야. 장자왕견지, 왈: "남방유조, 기명왈

鵷鶵, 子知之乎: 夫鵷鶵, 發於南海而飛於北海, 非梧桐不止, 非練
원추, 자지지호: 부원추, 발어남해이비어북해, 비오동부지, 비련

實不食, 非醴泉不飮, 於是鴟得腐鼠, 鵷鶵過之, 仰而視之曰: "嚇!"
실불식, 비예천불음, 어시치득부서, 원추과지, 앙이시지왈: "혁!"

今子欲以子之梁國嚇我邪?" 〈秋水〉
금자욕이자지량국혁아야?" 〈추수〉

134

50. 물고기의 마음을 읽다
호수 다리 위에서 물고기를 구경하고 있다 濠梁觀魚

장자莊子와 혜자惠子가 호수濠水의 다리 위를 거닐고 있었다.

장자가 말했다. "물고기가 한가롭게 헤엄치고 있는 걸 보니 이것이 물고기의 즐거움이다."

혜자가 말했다. "자네는 물고기가 아닌데 어찌 물고기의 즐거움을 알겠는가?"

장자가 말했다. "자네는 내가 아닌데 어찌 내가 물고기의 즐거움을 모른다는 것을 아는가?"

혜자가 말했다. "나는 자네가 아니니 물론 자네를 모르네. 자네도 물론 물고기가 아니니 물고기의 즐거움을 모르는 게 분명하네."

장자가 말했다. "처음의 질문으로 돌아가도록 하세. 자네는 '네가 어찌 물고기의 즐거움을 알겠는가?'라고 말했네. 이 말은 내가 그것을 알고 있다는 것을 자네도 이미 알고 있기에 나에게 물은 것이지. 나는 물고기의 즐거움을 호수 다리 위에서 알았네."

....

이 우언에서 장자와 혜자의 궤변과 같은 논쟁은 해석의 여지가 많다. 그러나 그 논쟁의 시비를 떠나서 장자가 말하고자 하는 뜻을 살펴보는 게 필요하다. 장자는 자신이 비록 물고기가 아니지만 물고기의 즐거움을 안다고 했다. 이것은 물아일체物我一體의 유유자적한 경지가 되면 혜자와 같이 현상에만 얽매이는 사고를 뛰어넘어 경계를 짓지 않는 마음을 통해 물고기의 즐거움도 공감할 수 있다고 여겼기 때문이다.

선문답과도 같은 대화다. 논변가인 혜자는 이분법으로 사람과 물고기의 종류를 구분지어 넘나들 수 없는 경계를 설정하였다. 장자는 물아의 합일을 통해 나와 만물이 하나가 될 수 있는 직관적 체험을 중시했다. 혜자는 명제에 가려 실체를 보지 못했다. 성性을 남김없이 궁구하여 인성人性과 물성物性이 상통되는 만물일체라는 관점에 도달한다면 천지만물이 나와 함께 생겨나고 하나가 될 수 있다는 것이 장자의 생각이다. 본성이란 자연의 이치로부터 주어진 것이기에 그 주어진 본성을 고리로하여 물고기와 장자가 교감할 수 있다는 것이다.

이 우언에서 유래된 고사성어

호상관어濠上觀魚, 어유호상魚遊濠上, 호복濠濮 : 유유자적한 삶을 말한 것이다.
호상지풍濠上之風, 호상지기濠上之氣 : 궤변을 늘어놓는다는 뜻이다.
이밖에 호량지변濠梁之辯, 어락지변魚樂之辯 등의 성어도 많이 쓴다.

濠梁觀魚
호량관어

莊子與惠子遊於濠梁之上. 莊子曰: "儵魚出遊從容, 是魚之樂也."
장자여혜자유어호량지상. 장자왈: "조어출유종용, 시어지락야."

惠子曰: "子非魚, 安知魚之樂?" 莊子曰: "子非我, 安知我不知魚
혜자왈: "자비어, 안지어지락?" 장자왈: "자비아, 안지아부지어

之樂?” 惠子曰: ”我非子, 固不知子矣; 子固非魚也, 子之不知魚
지락?”혜자왈: ”아비자, 고부지자의; 자고비어야, 자지부지어

之樂, 全矣.” 莊子曰: “請循其本. 子曰 ‘汝安知魚樂’ 云者, 旣已
지락, 전의.” 장자왈: “청순기본. 자왈 ‘여안지어락’ 운자, 기이

知吾知之而問我, 我知之濠上也.” 〈秋水〉
지오지지이문아, 아지지호상야.” 〈추수〉

51. 아내가 죽으니 즐거울 뿐
동이를 두드리는 장자 莊子鼓盆

장자의 아내가 죽자 장자의 친구인 혜자惠子가 조문을 갔다. 장자는 마침 두 다리를 쭉 뻗고 동이를 두드리며 노래를 하고 있었다.

혜자가 말했다. "자네가 아내와 더불어 살면서 자식을 키웠는데 아내는 고생하다 늙어 죽었네. 아내가 죽었는데 울지 않는 것도 매우 잘못이거늘, 동이를 두드리면서까지 노래를 하는 것은 너무 심하지 아니한가!"

장자가 말했다. "그렇지 않다네. 아내가 막 죽었을 때 내가 어찌 비통함이 없었겠는가! 그러나 아내가 처음 태어나기 이전을 잘 살펴보니 본래 생명이 없었다네. 생명이 없었을 뿐만 아니라 본래 형체도 없었네. 형체가 없었을 뿐만 아니라 본래 기氣 조차 없었네. 흐릿하고 아득한 사이에 뒤섞여 있다가 변해서 기가 있게 되고, 기가 변하여 형체가 있게 되었으며, 형체가 변하여 생명이 있게 되었네.

이제 또 생명이 변하여 죽음으로 갔네. 이것은 춘하추동 사시의 운행과 더불어 서로 같은 것이네. 이제 아내가 천지라는 큰 방에서 편안하게 잠들려고 하네. 내가 소리를 내어 아이고 아이고 운다면 나 자신이 생명의 법칙에 통하지 못하는 것이라고 여겨지네. 그래서 나는 울기를 그쳤네."

위 이야기에서는 장자의 사생관死生觀을 엿볼 수 있다. 장자는 삶과 죽음이 사시四時의 운행과 더불어 서로 같은 것이라고 여긴다. 그래서 삶과 죽음은 오직 도에 따른 자연스러운 변화이므로 기쁨이나 슬픔 같은 감정이 개입될 필요가 없다고 하였다. 장자는 혼돈에서 시작하여 혼돈의 상태로 환원되는 생사의 순환이 자연의 법칙이라고 인식하고 있는 것이다.

죽음을 계절의 변화처럼 자연스러운 것으로 수용할 때 비로소 죽음의 문제를 극복할 수 있다는 것이다. 이것이 운명이나 천명에 순응하는 자세다.

이 우언에서 유래된 고사성어

고분지척鼓盆之戚 : 아내의 죽음을 뜻한다.

莊子鼓盆
장자고분

莊子妻死, 惠子弔之, 莊子則方箕踞鼓盆而歌. 惠子曰: "與人居,
장자처사, 혜자조지, 장자즉방기거고분이가. 혜자왈: "여인거,

長子老身, 死不哭亦足矣, 又鼓盆而歌, 不亦甚乎!" 莊子曰:
장자노신, 사불곡역족의, 우고분이가, 불역심호!" 장자왈:

"不然. 是其始死也, 我獨何能無槪然! 察其始而本無生, 非徒無
"불연. 시기시사야, 아독하능무개연! 찰기시이본무생, 비도무

生也而本無形, 非徒無形也而本無氣. 雜乎芒芴之間, 變而有氣,
생야이본무형, 비도무형야이본무기. 잡호망물지간, 변이유기,

氣變而有形, 形變而有生, 今又變而之死, 是相與爲春秋冬夏四時
기변이유형, 형변이유생, 금우변이지사, 시상여위춘추동하사시

行也. 人且偃然寢於巨室, 而我嗷嗷然隨而哭之, 自以爲不通乎命,
행야. 인차언연침어거실, 이아교교연수이곡지, 자이위불통호명,

故止也." 〈至樂〉
고지야." 〈지락〉

52. 죽어보면 아는 것
해골이 꿈에 나타나다 髑髏見夢

장자가 초나라로 가다가 속이 텅 빈 해골을 보았다. 해골은 바싹 말라 앙상했지만 모양은 남아 있었다. 장자는 말채찍으로 해골을 치면서 물었다.

"그대는 삶에 탐욕을 부리다가 도리를 어겨서 이렇게 되었는가?

아니면 그대는 나라를 망친 일이 있어서 도끼로 죽임을 당하는 형벌을 당해 이렇게 되었는가?

아니면 그대는 좋지 못한 행실이 있어서 부모와 처자식에게 치욕을 끼친 것을 부끄럽게 여겨 이렇게 되었는가?

아니면 그대는 춥고 굶주리는 환난을 당해 이렇게 되었는가?

아니면 그대의 수명이 본래 이 정도에 그쳐서 이렇게 되었는가?"

장자는 이렇게 말을 마치고 해골을 끌어당겨 베개로 삼아 잠을 잤다.

한밤중에 해골이 꿈에 나타나서 장자에게 말했다. "그대는 말하는 것이 마치 달변가와 같다. 그대가 말한 사정을 살펴보니 모두가 살아있는 사람의 근심거리이다. 죽으면 그런 것이 없다. 그대는 죽은 자의 기쁨을 한번 들어볼텐가?"

장자가 말했다. "좋지"

해골이 말했다. "죽은 자에게는 위로 왕이 없고, 아래로 백성이 없으며, 사계절의 변화에 따른 해로운 일도 없다. 거리낌 없이 하늘과 땅의 영원함을 나의 수명으로 삼는다. 조정에서 왕노릇하는 즐거움일지라도, 이보다 더 나을 수는 없다."

장자는 그 말을 믿지 못하여 물었다. "내가 사람의 생명을 주관하는 사명司命이라는 신으로 하여금 그대의 형체를 살려내고, 뼈와 살과 피부도 다시 주도록 하여 그대가 부모와 처자식, 그리고 고향 친구들에게 돌아가게 해주겠다. 그대는 그것을 원하는가?"

해골이 심하게 눈살과 콧마루를 찌푸리며 말했다. "내가 어찌 조정을 다스리는 왕보다 더 나은 즐거움을 버리고 다시 인간 세계의 수고로움을 겪을 수 있겠는가!"

....

얼핏보면 사후세계를 예찬한 것처럼 보일 수 있다. 그러나 이는 원래 장자의 사고와는 거리가 있다. 생사가 하나이기에 삶과 죽음의 문턱을 사계절의 변화처럼 자연스럽게 여겨야 된다는 장자의 사생관을 다른 방식의 우언으로 표현하려고 한 것 같다. 확대해서 생각한다면 죽음을 지나치게 기피하고 삶에 집착하는 사람들의 생각을 전환시켜 보려는 의도가 아닌지!

髑髏見夢
촉루현몽

莊子之楚, 見空髑髏, 髐然有形, 撽以馬捶, 因而問之, 曰: "夫子
장자지초, 견공촉루, 효연유형, 교이마추, 인이문지, 왈: "부자

貪生失理, 而爲此乎? 將子有亡國之事, 斧鉞之誅, 而爲此乎?
탐생실리, 이위차호? 장자유망국지사, 부월지주, 이위차호?

將子有不善之行, 愧遺父母妻子之醜, 而爲此乎? 將子有凍餒之患,
장자유불선지행, 괴유부모처자지추, 이위차호? 장자유동뇌지환,

而爲此乎? 將子之春秋故及此乎?" 於是語卒, 援髑髏, 枕而臥.
이위차호? 장자지춘추고급차호?" 어시어졸, 원촉루, 침이와.

夜半, 髑髏見夢曰: "子之談者似辯士. 視子所言, 皆生人之累也,
야반, 촉루현몽왈: "자지담자사변사. 시자소언, 개생인지루야,

死則無此矣. 子欲聞死之說乎?" 莊子曰: "然." 髑髏曰: "死, 無君
사즉무차의. 자욕문사지열호?" 장자왈: "연." 촉루왈: "사, 무군

於上, 無臣於下, 亦無四時之事, 從然以天地爲春秋, 雖南面王樂,
어상, 무신어하, 역무사시지사, 종연이천지위춘추, 수남면왕락,

不能過也." 莊子不信, 曰: "吾使司命復生子形, 爲子骨肉肌膚,
불능과야." 장자불신, 왈: "오사사명부생자형, 위자골육기부,

反子父母妻子閭里知識, 子欲之乎?" 髑髏深矉蹙頞曰: "吾安能
반자부모처자려리지식, 자욕지호?"촉루심빈축알왈: "오안능

棄南面王樂而復爲人間之勞乎!" 〈至樂〉
기남면왕락이부위인간지로호!" 〈지락〉

53. 새는 새로 살게 하라
노나라 임금이 새를 기르다 魯侯養鳥

옛날에 봉황처럼 생긴 원거鵷鶋라는 이름의 바닷새가 노나라 성 바깥쪽으로 날아들었다. 노나라 임금이 그 새를 맞이하고 종묘에서 연회를 베풀어 접대하였다. 순임금의 음악인 구소九韶를 연주하고, 제후들이 신묘에 제사지낼 때 쓰는 제물인 소, 양, 돼지 즉 태뢰太牢로써 원거를 환대하였다. 그러나 그 새는 오히려 눈이 침침하고 마음이 슬퍼서 감히 고기 한 점 먹지 못하고 물 한 모금 마시지 못하다가 사흘 만에 곧 죽고 말았다.

이것은 사람을 기르는 방법으로 새를 기른 것이지 새를 기르는 방법으로 새를 기른 것이 아니다.

....

공자 제자의 유세 출발에 앞서 공자가 걱정하는 대목에 나오는 이야기다. 패권에 욕심이 가득 찬 군주에게 성군을 본받으라고 간언한다면 욕을 당할 것이다. 작은 부대에 큰 물건을 담을 수 없고 짧은 두레박 끈으로 깊은 우물물을 퍼 마시기 어렵다. 사람의 능력도 일률적으로 보지 말고, 하는 일도 동등하게 여기지 말아야 한다. 겉과 속이 일치하고 의도가 특성에 맞도록 하는 것이어야 한다.

자기중심적인 생각을 가지고 사물을 대하는 태도를 풍자하고 있다.

사물마다 지니고 있는 고유의 본성대로 자유롭게 해주어야 한다. 이것이 이치에 이르는 길이며 복을 짓는 일이기도 하다.

새는 새의 본성대로 살아가게 해야 한다. 이를 무시하고 자기의 취향대로 새를 기르거나 분수를 넘어 환대하는 것은 새를 죽게 한다. 자기의 생각대로 상대를 다스리거나 기르면 도리어 다치게 만든다. 천명이나 형체는 적절히 정해진 바가 있다. 임의로 가감하거나 보편적 잣대로 일률화 할 수 없다. 만물마다 그 실제에 맞는 적합한 이치에 따라야 한다.

魯侯養鳥
노후양조

昔者, 海鳥止於魯郊, 魯侯御而觴之於廟, 奏《九韶》以爲樂, 具太
석자, 해조지어노교, 노후어이상지어묘, 주《구소》이위악, 구태

牢以爲膳, 鳥乃眩視憂悲 不敢食一臠, 不敢飮一杯, 三日而死,
뢰이위선, 조내현시우비 불감식일련, 불감음일배, 삼일이사,

此以己養養鳥也, 非以鳥養養鳥也.〈至樂〉
차이기양양조야, 비이조양양조야.〈지락〉

54. 정신 집중 훈련
곱추 노인이 매미를 줍다 佝僂承蜩

공자가 초나라에 가는 도중에 숲 속을 지나가면서, 긴 장대로 매미를 잡는 곱추 노인을 보았는데, 마치 매미를 손으로 줍는 듯이 하였다.

공자가 말했다. "당신은 재주가 좋구려. 무슨 비결이 있으시오?"

곱추 노인이 말했다. "저에게는 비결이 있지요. 5, 6개월간 연습을 하여 긴 장대 위에 공 모양의 끈끈한 물체 두 개를 포개놓고 떨어뜨리지 않는 경지가 된다면 실수할 확률이 극히 적을 것입니다.

공 모양의 물체 세 개를 포개놓고 떨어뜨리지 않게 된다면, 실수할 확률이 열에 하나 정도일 것입니다.

공 모양의 물체 다섯 개를 포개놓고 떨어뜨리지 않는다면 손으로 매미를 줍듯이 잡을 수 있습니다. 저의 안정된 착지자세는 잘려진 나무그루터기 같고, 저의 막대기를 잡은 팔은 고목의 나뭇가지 같습니다.

비록 천지가 크고 만물이 많을지라도 저는 오직 매미의 날개만 알 뿐입니다. 제 마음은 뒤돌아보거나 옆을 쳐다보지 않고 한결 같아서 털끝만큼도 변함이 없습니다. 어떠한 사물에 의해서도 매미 날개에 대한 집중력을 흐트릴 수 없으니 어찌 매미를 잡지 못하겠습니까?"

공자는 뒤돌아보고 제자들에게 말했다. "'마음씀이 분산되지 않아야 비로소 정신이 집중된다'더니, 바로 이 곱추 노인을 두고 하는 말이다!"

....

외물에 마음을 어지럽히지 않고 고도의 집중과 반복된 훈련을 지속한다면 신통한 경지에 이를 수 있다는 이치를 말해주고 있다. 아울러 곱추 노인을 예로 들어 뛰어난 실력을 보인 것도 장애인에 대한 사람들의 편견을 없애고자 한 의도까지 보인다.

정신일도 하사불성精神一到 何事不成이나 용지불분用志不分이라는 말이 있다. 둘 다 수양공부를 위해서 쓰이는 자세다. 정신을 분산시키지 않고 내면의 순수한 기운에 집중시키면 신통하리만큼 힘을 발휘할 수 있다는 것이다.

이 일화는 《열자·황제》에도 나온다.

이 우언에서 유래된 고사성어

구루승조佝僂承蜩, 승조지교承蜩之巧, 누환累丸 : 고도로 정신을 집중하여야 성공할 수 있다는 뜻이다.

佝僂承蜩
구루승조

仲尼適楚, 出於林中, 見佝僂者承蜩, 猶掇之也. 仲尼曰: "子巧乎,
중니적초, 출어림중, 견구루자승조, 유철지야. 중니왈: "자교호,

有道邪?" 曰: "我有道也. 五六月累丸二而不墜, 則失者錙銖;
유도야?"왈: "아유도야. 오륙월루환이이불추, 즉실자치주;

累三而不墜, 則失者十一; 累五而不墜, 猶掇之也. 吾處身也,
누삼이불추, 즉실자십일; 누오이불추, 유철지야. 오처신야,

若蹶株拘; 吾執臂也, 若槁木之枝. 雖天地之大, 萬物之多,
약궐주구; 오집비야, 야고목지지. 수천지지대, 만물지다,

而唯蜩翼之知. 吾不反不側, 不以萬物易蜩之翼, 何爲而不得!"
이유조익지지. 오불반불측, 불이만물역조지익, 하위이부득!"

孔子顧謂弟子曰: "用志不分, 乃凝於神. 其佝僂丈人之謂乎!"
공자고위제자왈: "용지불분, 내응어신. 기구루장인지위호!"

〈達生〉
〈달생〉

55. 잊어야 의식하지 않는다
사공이 배를 젓다 津人操舟

공자의 제자인 안연顔淵이 공자에게 물었다. "제가 일찍이 상심이라는 연못을 건넌 적이 있는데, 뱃사공이 배를 젓는 것이 마치 신神과 같아 제가 그에게 물었습니다. '배 젓는 것을 배울 수 있겠소?'

그러자 그가 이렇게 대답했습니다. '배울 수 있습니다. 헤엄을 잘 치는 사람은 매우 빠르게 배울 수 있습니다. 또 잠수를 잘하는 사람은 일찍이 배를 본 적이 없어도 바로 배를 저을 수 있습니다.'

제가 그 이유를 물었지만 저에게 알려주지 않았습니다. 감히 여쭙겠는데 무슨 이유였을까요?"

공자가 말했다. "헤엄을 잘 치는 사람이 매우 빠르게 배울 수 있는 것은 물을 잊었기 때문이다. 또 잠수를 잘하는 사람은 일찍이 배를 본 적도 없지만 바로 배를 저을 수 있다. 그가 연못을 작은 언덕처럼 간주하고, 배가 뒤집히는 것을 마치 수레가 뒤로 물러나는 정도쯤으로 여겼기 때문이다. 뒤집히거나 뒤로 물러나는 무수한 정황이 그의 앞에 펼쳐져도 그의 마음속으로 들어올 수 없으니, 어느 곳에 이른다 한들 마음이 안정되지 않겠는가! 기와 조각을 걸고 노름을 하는 자는 부담이 없어 솜씨를 발휘하지만, 은으로 만든 허리 고리를 걸고 노름을 하는 자는 두려워하며, 황금을 걸고 노름을 하는 자는 마음과 정신이 혼미해진다. 기교는 동일하지만 내거는 상품에 따라 마음이 달라지는 것은 외물을 중시하기 때문이다. 무릇 외물을 중시하는 자는 마음이 졸렬해진다."

....

　헤엄을 잘 치는 사람과 잠수를 잘 하는 사람이 바로 배를 저을 수 있는 까닭은 외물을 의식하지 않았기 때문이다. 이 우언에서는 공자의 입을 통해 외물에 얽매이지 않을 때 비로소 내면 즉, 정신이 안정되어 자유로울 수 있음을 설명하고 있다.

　내기를 하는 사람에게 탐나는 상품을 걸어놓으면 기량을 발휘하지 못한다. 바깥의 사물이나 조건에 마음이 흐트러졌기 때문이다. 기술의 단계를 넘어 도의 경지에까지 이르지 못한 것이다. 그 경지는 외부의 사물을 의식하지 않을 수 있을 때라야 가능하다. 피아나 주객에 대한 분별이 사라져서 하나로 모이는 것, 즉 전심, 무심의 상태가 되는 것을 온전한 경지라고 한다.

　이 이야기도 《열자·황제》에 보인다.

津人操舟
진인조주

顔淵問仲尼曰: "吾嘗濟乎觴深之淵, 津人操舟若神, 吾問焉, 曰:
안연문중니왈: "오상제호상심지연, 진인조주약신, 오문언, 왈:

'操舟可學邪?' 曰: '可. 善游者數能. 若乃夫沒人, 則未嘗見舟
'조주가학야?' 왈: '가. 선유자삭능. 약내부몰인, 즉미상견주

而便操之也.' 吾問焉而不吾告, 敢問何謂也?" 仲尼曰: "善游者
이편조지야.' 오문언이불오고, 감문하위야?" 중니왈: "선유자

數能, 忘水也. 若乃夫沒人之未嘗見舟而便操之也, 彼視淵若陵,
삭능, 망수야. 약내부몰인지미상견주이편조지야, 피시연약릉,

視舟之覆猶其車却也. 覆却萬方陳乎前而不得入其舍, 惡往而
시주지복유기거각야. 복각만방진호전이부득입기사, 오왕이

不暇! 以瓦注者巧, 以鉤注者憚, 以黃金注者殙. 其巧一也, 而有
불가! 이와주자교, 이구주자탄, 이황금주자혼. 기교일야, 이유

所矜, 則重外也. 凡外重者內拙." 〈達生〉
소긍, 즉중외야. 범외중자내졸." 〈달생〉

56. 뒤로 처진 양만 채찍질해라

축신의 양생법 祝腎養生

전개지田開之가 주周나라 위공威公을 알현했다.

위공이 말했다. "내가 듣기로는 축신祝腎이 양생을 배웠다고 한다. 그대는 축신과 교류하니 또한 그에게 무엇을 들었는가?"

전개지가 대답했다. "저는 빗자루를 들고 문간과 뜰 앞을 청소했을 뿐입니다. 축신 선생께 무엇을 들었겠습니까!"

위공이 말했다. "전 선생, 겸양하지 마시오. 과인은 양생에 대해 듣고 싶소."

전개지가 대답했다. "축신 선생께서 이렇게 말하는 것을 들은 적이 있습니다. '양생을 잘하는 사람은 양을 기르는 것처럼 뒤로 처진 양이 보이면 채찍질을 한다.'"

위공이 말했다. "무슨 뜻이오?"

전개지가 대답했다.

"노魯나라에 선표單豹라는 사람이 있었습니다. 그는 석굴 안에 살면서 샘물에서 물을 마시고 남과 이익을 다투지 않았는데 70세까지 살면서 여전히 어린아이의 낯빛이었습니다. 불행히도 굶주린 호랑이를 만나 잡아먹혀 죽었습니다.

또 장의張毅라는 사람이 있었습니다. 그는 부귀한 집이든 빈천한 집이든 간에 가리지 않고 모두 왕래했습니다. 40세까지 살았는데 몸 안에 열이 생기는 병에 걸려 죽었습니다. 선표는 자기의 안쪽을 잘 길렀으나 호랑이에게 바깥쪽을 잡아먹혀 죽었고, 장의는 자기의 바깥쪽을 잘 길렀으나 안쪽을 공격하는 병에 걸려 죽었습니다. 이 두 사람은 모두 뒤로 처진 양을 채찍질하지 않은 자들입니다."

....

여기서는 뒤처진 양을 채찍질하는 것으로 비유되는 양생 방법을 제시하고 있다.

은둔을 추구한 선표와 공명을 중시한 장의의 양생법을 소개했다. 선표는 안을 치중했고, 장의는 밖에 치중했다. 안을 중심으로 양생한 선표가 밖을 중시한 장의보다는 오래 살았어도 결국 양생에는 실패했다. 이 역시 중도를 잃어 실패한 사례다. 안과 밖 뿐만이 아니라 그 중간까지도 조화를 이루어야 지인至人의 양생의 도를 이룰 수 있다. 그것은 식욕, 색욕 같은 인간의 내면의 본능, 손상과 피해를 당할 수 있는 외부의 위험을 다 경계해야 하지만 여기에 지나침이 있어서는 안된다. 고목처럼 무심히 중간에 서는 영역까지도 함께 조화롭게 할 때라야 가능하다. 마치 뒤로 쳐진 양을 채찍질하는 정도로만.

이 우언에서 유래된 고사성어

고문高門 : 재산이 많고 지위가 높은 집을 뜻한다.
현박縣薄 : 재산이 적고 지위가 낮은 집을 뜻한다.

祝腎養生
축신양생

田開之見周威公. 威公曰: "吾聞祝腎學生, 吾子與祝腎游,
전개지현주위공. 위공왈: "오문축신학생, 오자여축신유,

亦何聞焉?" 田開之曰: "開之操拔篲以侍門庭, 亦何聞於夫子!"
역하문언?" 전개지왈: "개지조발수이시문정, 역하문어부자!"

威公曰: "田子無讓, 寡人願聞之." 開之曰: "聞之夫子曰:
위공왈: "전자무양, 과인원문지." 개지왈: "문지부자왈:

'善養生者, 若牧羊然, 視其後者而鞭之.'" 威公曰: "何謂也?"
'선양생자, 약목양연, 시기후자이편지.'" 위공왈: "하위야?"

田開之曰: "魯有單豹者, 巖居而水飲, 不與民共利, 行年七十而
전개지왈: "노유단표자, 암거이수음, 불여민공리, 행년칠십이

猶有嬰兒之色. 不幸遇餓虎, 餓虎殺而食之. 有張毅者, 高門縣薄,
유유영아지색. 불행우아호, 아호살이식지. 유장의자, 고문현박,

無不走也, 行年四十而有內熱之病以死. 豹養其內而虎食其外,
무불주야, 행년사십이유내열지병이사. 표양기내이호식기외,

毅養其外而病攻其內, 此二子者, 皆不鞭其後者也." 〈達生〉
의양기외이병공기내, 차이자자, 개불편기후자야." 〈달생〉

154

57. 영화와 양생의 두 갈래 길
제사관이 돼지를 달래다 祝史說彘

제사관(고대에 종묘 제사를 주관하는 관리)이 검은색 예복을 입고서 돼지우리에 와서 돼지를 달래었다.

너는 어찌 죽는 것을 싫어하는가! 내가 너를 석 달 동안 기를 것이다. 제사 지내기 전 열흘 동안은 계를 지키도록 먹을 것을 주지 않고, 제사 지내기 전 사흘 동안은 재를 하도록 목욕을 시킬 것이다. 하얀 띠풀(고대에 제사 지낼 때 신에게 쓰이는 용품)을 깔고 너의 앞뒤 허벅지와 엉덩이를 그림과 무늬로 조각한 제기 위에 올려놓으려고 한다. 이렇게 한다면 너는 하겠느냐?"

이를 두고 돼지를 위하는 입장에서는 이렇게 말할 것이다. "돼지에게 지게미를 먹이면서 우리 안에 놓아두는 것이 더 나을 것이다."

....

돼지에게 부귀영화를 미끼로 목숨을 겨누는 사람, 돼지의 천수를 배려하며 소박한 삶을 주고자 하는 사람이 등장한다. 얼핏 후자가 돼지를 진정으로 위해주는 것 같다, 그러나 막상 자기의 입장이 되면 그 자신도 부귀영화의 출세 쪽으로 빠질 것이다. 주관적인 생각으로 자신은 부귀와 출세라는 외물에 미혹되어 있으면서도 타인에게는 객관적으로 양생을 말하는 모순적인 태도를 풍자하였다.

객관적으로는 양생을 중시하는 것 같으면서도 주관적으로는 부귀 출세에 미혹되는 인간의 약점을 꼬집고 있다. 제사를 주관하는 축관과 제물로 희생되는 돼지를 빌어 영예를 누리는 욕망을 버릴 때 양생이 가능하다는 점을 부각시키려고 한다.

祝史說彘
축사세체

祝宗人玄端以臨牢䇲, 說彘曰: "汝奚惡死? 吾將三月㹈汝十日戒,
축종인현단이임뢰책, 세체왈: "여해오사? 오장삼월환여십일계,

三日齊, 藉白茅, 加汝肩尻乎彫俎之上, 則汝爲之乎?" 爲彘謀,
삼일제, 자백모, 가여견고호조조지상, 즉여위지호?" 위체모,

曰不如食以糠糟而錯之牢䇲之中. 〈達生〉
왈불여사이강조이조지뇌책지중. 〈달생〉

58. 마음이 보약

환공이 귀신을 보다 桓公見鬼

    제나라 임금 환공이 늪지에서 사냥을 했는데 관중管仲이 수레를 끌었다. 환공이 귀신을 보고 관중의 손을 잡고 말했다. "중보仲父(관중의 존칭) 그대는 무엇을 보았소?"

    관중이 대답했다. "저는 아무것도 보지 못했습니다."

    환공은 돌아오자마자 고민하다가 병이 나서 며칠 동안이나 나가지 못하였다.

    제나라 선비 중 황자고오皇子告敖라는 사람이 환공에게 말했다. "임금께서는 스스로 아프게 한 것입니다. 귀신이 어찌 임금님을 아프게 할 수 있겠습니까? 분노로 인하여 뭉친 기가 흩어지기만 하고 돌아가지 않는다면 기가 부족해집니다. 상승만 하고 하강하지 않는다면 쉽게 사람을 화나게 만듭니다. 하강만 하고 상승하지 않는다면 쉽게 사람을 잊어버리게 만듭니다. 상승하지도 하강하지도 않는다면 체내의 중간에 몰려있어서 병이 됩니다."

    환공이 물었다. "그렇다면 귀신이 있는가?"

    황자고오가 말했다. "있습니다. …… 여러 종류의 귀신이 있지만 그중에서 늪에 사는 위사委蛇라는 귀신이 있습니다."

    환공이 말했다. "그렇다면 위사의 모습은 어떠한가?"

황자고오가 말했다. "위사는 그 크기가 수레바퀴만 하고, 그 길이는 수레채만 합니다. 자주색의 옷을 입고 주홍색의 모자를 썼습니다. 그 성질은 천둥소리를 싫어해서 그 소리를 들으면 머리를 치켜들고 일어납니다. 그것을 본 사람은 대개 천하를 제패하는 패왕이 된다고 합니다."

환공이 기뻐서 크게 웃으며 말했다. "내가 보았던 것이 바로 이것일세." 그리고 나서 바로 의관을 바로 잡으며 황자고오와 함께 앉아 있었다. 하루도 채 지나지 않아 병이 다 나은 것도 몰랐다.

....

마음과 몸은 둘이 아니다. 즉각적으로 서로 영향을 끼친다. 심인성 질환은 심리와 약물의 치료가 병행된다. 마음의 불안이 만병의 원인이 되기도 한다. 그러나 확실한 믿음이 생겨서 안정을 찾게 되면 치료에 큰 도움이 된다.

실제 플라시보 효과라는 것이 있다. 그것에 잘 반응하는 유전자의 개인차가 있지만 가짜 약을 먹고도 효과가 있는 것은 도파민이나 세로토닌 같은 호르몬이 여기에 관여된다는 것이 의학에서 밝혀지고 있다. 심리적 문제에 기인한 질병은 결국 마음으로 다스릴 수 밖에 없다. 관건은 형체보다 정신을 보양하는 데 있다. 실제로 환공을 아프게 한 것은 귀신이 아니라 귀신을 두려워하는 마음이었다.

인간의 건강을 해치는 질병이나 불안은 바깥에서 만들어지는 것도 있지만, 자기 마음 속에서 발생하는 경우도 허다하다. 그래서 한방에서도 약보藥補 보다는 식보食補, 그보다는 심보心補가 더 낫다고 한 것이다.

桓公見鬼
환공견귀

桓公田於澤, 管仲禦, 見鬼焉. 公撫管仲之手曰: "仲父何見?"
환공전어택, 관중어, 견귀언. 공무관중지수왈: "중부하견?"

對曰: "臣無所見." 公反, 誒詒爲病, 數日不出. 齊士有皇子告敖者,
대왈: "신무소견." 공반, 희이위병, 수일불출. 제사유황자고오자,

曰: "公則自傷, 鬼惡能傷公! 夫忿滀之氣, 散而不反, 則爲不足;
왈: "공즉자상, 귀오능상공! 부분축지기, 산이불반, 즉위부족;

上而不下, 則使人善怒; 下而不上, 則使人善忘; 不上不下, 中身
상이불하, 즉사인선노; 하이불상, 즉사인선망; 불상불하, 중신

當心, 則爲病." 桓公曰: "然則有鬼乎?" 曰: "有. …… 澤有委蛇."
당심, 즉위병." 환공왈: "연즉유귀호?" 왈: "유. …… 택유위사."

公曰: "請問委蛇之伏狀何如?" 皇子曰: "委蛇, 其大如轂,
공왈: "청문위사지복상하여?" 황자왈: "위사, 기대여곡,

其長如轅, 紫衣而朱冠. 其爲物也, 聞雷車之聲則捧其首而立.
기장여원, 자의이주관. 기위물야, 문뇌거지성즉봉기수이립.

見之者殆乎霸." 桓公輾然而笑曰: "此寡人之所見者也."
견지자태호패." 환공천연이소왈: "차과인지소견자야."

於是正衣冠與之坐, 不終日而不知病之去也. 〈達生〉
어시정의관여지좌, 부종일이부지병지거야. 〈달생〉

59. 목계

기성자가 닭을 훈련시키다 紀渻訓鷄

기성자가 왕을 위해 싸움닭을 훈련시켰다.

열흘이 지나자 왕이 물었다: "닭이 충분히 싸울만해졌는가?"

기성자가 대답했다: "아직 입니다. 지금은 허세 부리고 거만하여 기운만 믿고 있습니다."

열흘이 지나자 왕이 또 물었다. 기성자가 대답했다: "아직 입니다. 여전히 다른 닭의 소리와 그림자에 반응합니다."

열흘이 지나자 왕이 또 물었다. 기성자가 대답했다: "아직 입니다. 여전히 다른 닭을 적대시하고 오만합니다."

열흘이 지나자 왕이 또 물었다. 기성자가 대답했다: "거의 되었습니다. 다른 닭이 울더라도 이미 아무런 동요가 없습니다. 이 닭을 멀리서 보면 마치 나무로 만든 닭(목계木鷄) 같습니다. 싸움닭으로서의 품성이 완전합니다. 다른 닭이 감히 응수하지 못하고 이 닭을 보면 몸을 돌려 도망칩니다."

....

자기를 다스릴 줄 알아야 상대를 누를 수 있다. 자신의 마음이 허세나 우쭐함에서 벗어나야 하고, 타물을 의식하여 만감해서는 안 되며, 조금 실력을 지닌 게 있다고 해서 거만한 자세를 지녀서도 안 된다. 외부 사물의 자극에 동요되지 않고 의연하게 처신하여 마치 감정의 유지가 목석과도 같아서 동요됨이 없어야 한다. 이것이 바로 잘 훈련되어 싸우지 않고도 이기는 닭이다. 외부의 사물에 동요되지 않는 마음을 수양하여 덕을 가꾸는 것인데, 이것은 양생의 방법에도 적용된다.

내공을 닦아서 승패를 초월한 무심을 유지하는 것이 겉으로 허장성세를 부리는 공격성을 압도할 수 있다. 승패에 집착하지 않고 평정심을 유지하면서도 일촉즉발의 기운을 내면에 숨기고 지킬 때 부전승이 뒤따른다.

수양단계의 온전한 덕으로 상징되는 나무 닭, 즉 목계를 정신수양의 좌우명으로 삼고자 간직하는 사람들도 있다. 얼마 전 타계한 삼성그룹 회장의 집에서도 목계가 가보로 전한다고 한다. 이 목계 이야기는《열자·황제》에도 나온다.

이 우언에서 유래된 고사성어

기성목계紀渻木鷄, 태약목계呆若木鷄, 목계木鷄, 목계양도木鷄養到 : 수양을 쌓아 외부 사물에 동요되지 않음을 뜻한다. 또 아둔하거나 넋이 나간 모습을 뜻하기도 한다.

허교시기虛驕恃氣 : 허황되고 교만하여 감정적으로 일을 처리함을 뜻한다.

紀渻訓鷄
기성훈계

紀渻子爲王養鬪鷄. 十日而問: "鷄可鬪已乎?" 曰: "未也, 方虛憍
기성자위왕양투계. 십일이문: "계가투이호?" 왈: "미야, 방허교

而恃氣." 十日又問, 曰: "未也, 猶應嚮景." 十日又問, 曰: "未也,
이시기." 십일우문, 왈: "미야, 유응향영." 십일우문, 왈: "미야,

猶疾視而盛氣." 十日又問, 曰: "幾矣. 鷄雖有鳴者, 已無變矣,
유질시이성기." 십일우문, 왈: "기의. 계수유명자, 이무변의,

望之似木鷄矣, 其德全矣, 異鷄無敢應, 見者反走矣."〈達生〉
망지사목계의, 기덕전의, 이계무감응, 견자반주의."〈달생〉

60. 헤엄의 비결
여량의 사내 呂梁丈夫

공자가 여량呂梁에서 폭포를 구경했다. 떨어지는 폭포가 삼십
인仞(1인은 78척, 1척은 30cm이므로 대략 600여 미터 정도)이고,
물결 따라 흐르는 거품이 사십리里(1리는 0.4km이므로 대략 16km
정도)나 되었다.

거기에서는 큰 자라나 악어, 그리고 거북이조차도 헤엄칠 수
없었다. 그런데 한 사내가 그 물에서 헤엄치고 있는 것이 보였다.
공자는 그 사내가 괴로움이 있어 죽으려 한다고 여겼다. 제자를
시켜 물길을 따라 내려가 그를 구해주라고 했다.

그런데 그 사내는 수백보 정도나 멀리 헤엄을 치고 물 밖으로
나온 뒤, 머리를 풀어 헤치고 노래를 부르며 걷다가 제방 아래에
서 놀고 있었다.

공자는 뒤따라가 사내에게 물었다. "나는 그대가 귀신인 줄 알
았는데 자세히 보니 사람이구려. 말 좀 묻겠네. 물을 건너는 비결
이 있는가?"

사내가 대답했다. "아니요. 딱히 비결은 없습니다. 저는 그저
타고난 본성에 기대어 시작했고, 적응된 습성에 따라서 성장했으
며, 자연스러운 이치를 좇아 완성되었습니다. 소용돌이치는 물의

흐름을 따라 밑으로 들어가고, 용솟음치는 물의 흐름을 따라 물 밖으로 나옵니다. 물이 흐르는 이치를 따를 뿐 제 뜻대로 하지 않습니다. 이런 연유로 제가 그 물에서 헤엄칠 수 있습니다."

공자가 물었다. "그저 타고난 본성에 기대어 시작하고, 습성에 따라서 성장했으며, 자연스러운 이치를 좇아 완성되었다는 것이 무슨 말인가?"

사내가 대답했다. "제가 릉수凌水에서 태어나 릉수를 편하게 여겼으니 이것이 본성입니다. 물에서 자라나 물을 편하게 여겼으니 이것이 습성입니다. 스스로 그렇게 되는 이유도 모르고 그렇게 된 것이 자연스러운 이치입니다."

....

세상을 살아갈 때 대상의 이치를 파악하고 따르는 것이 자기 몸에 익숙하게 되면 무의식적으로 습관화된다. 그것은 거의 본능에 가까워져서 편하고 자유스러운 것이다.

또 오랜 숙련의 결과로 터득된 경지는 대상물의 자연스러운 본질과 자기도 모르게 일치된다.

《열자·황제》에도 똑같은 이야기가 있다.

呂梁丈夫
여량장부

孔子觀於呂梁, 縣水三十仞, 流沫四十里, 黿鼉魚鼈之所不能游也.
공자관어여량, 현수삼십인, 유말사십리, 원타어별지소불능유야.

164

見一丈夫游之, 以爲有苦而欲死也, 使弟子竝流而拯之. 數百步
견일장부유지, 이위유고이욕사야, 사제자병류이증지. 수백보

而出, 被髮行歌而游於塘下. 孔子從而問焉, 曰: "吾以子爲鬼,
이출, 피발행가이유어당하. 공자종이문언, 왈: "오이자위귀,

察子則人也. 請問, 蹈水有道乎?" 曰: "亡, 吾無道. 吾始乎故,
찰자즉인야. 청문, 도수유도호?" 왈: "망, 오무도. 오시호고,

長乎性, 成乎命. 與齊俱入, 與汨偕出, 從水之道而不爲私焉.
장호성, 성호명. 여제구입, 여골해출, 종수지도이불위사언.

此吾所以蹈之也." 孔子曰: "何謂始乎故, 長乎性, 成乎命?"
차오소이도지야." 공자왈: "하위시호고, 장호성, 성호명?"

曰: "吾生於陵而安於陵, 故也. 長於水而安於水, 性也.
왈: "오생어릉이안어릉, 고야. 장어수이안어수, 성야.

不知吾所以然而然, 命也." 〈達生〉
부지오소이연이연, 명야." 〈달생〉

61. 목수의 몸과 마음
자경이 북틀을 만들다 梓慶爲鐻

노나라 대목수 자경이 나무를 깎아 악기를 걸어놓는 도구를 만들었다. 그것이 완성되자 보는 사람들마다 모두 놀라며 기술이 정교하여 귀신같다고 하였다.

노나라 군주가 보고 나서 그에게 물었다. "그대는 무슨 기술이 있길래 이렇게 만들었는가?"

목수에 지나지 않는데 무슨 기술이 있겠습니까마는 이 방면에 한 가지가 있긴 합니다. 제가 악기를 걸어 놓는 도구를 만들려고 할 때는 한번도 정기를 소모시키지 않았습니다. 반드시 재계하여 잡념을 배제하고 심신을 가다듬습니다.

이렇게 사흘을 재계하면 축하, 포상, 관직, 봉록 등에 대한 생각이 아예 들지 않게 됩니다. 닷새를 재계하면 비난과 찬양, 정교함과 조잡함 등에 대한 생각이 아예 나지 않게 됩니다. 이레를 재계하면 문득 저에게 사지와 육체가 있다는 것조차 잊어버립니다.

이때가 되면, 조정의 권세도 아랑곳하지 않게 되고, 기술에만 전일하여 마음을 어지럽히는 외부의 것들이 사라집니다.

이러한 뒤에 비로소 숲속에 들어가 나무의 천연 성질을 관찰하면 나무의 형체가 꼭 들어맞습니다. 그러한 뒤에 악기 걸이의 구상이 저절로 드러납니다. 그러한 뒤에야 그것을 손대기 시작합니다. 이렇지 못하면 그만둡니다. 이렇게 되면 제 자연의 마음 상태와 나무의 자연 형태가 합치됩니다. 그래서 제가 만든 악기를 걸어놓는 도구가 귀신같은 솜씨라고 의심받는다면 아마 이 때문이겠지요.

....

이 글에서는 목공을 예로 들어 그 기술이 예술적 경지에 이르는 과정을 소개하였다.

기술을 넘어서면 도의 경지에 이른다는 이야기다. 바깥에 대한 속된 잡념을 제거하고 무념무심으로 전일시킨 상태에서 작업하면 신기하게 손발이 저절로 움직인다. 나의 순수한 정기가 사물에 깊이 파고 들어가 일치되는 어느 순간에 창작되는 기술은 이미 예술의 단계에 진입한 것이다.

수양 공부도 이처럼 기운을 낭비하지 않고 잡념을 없애며 속된 욕심과 명예, 그리고 평가에 아랑곳하지 않으면 심신이 하나가 되고 자신조차 잊어버릴 정도로 몰입의 단계에 이를 수 있게 된다.

이 우언에서 유래된 고사성어

귀부신공鬼斧神工 : 입신의 경지에 이른 기예를 뜻한다.

梓慶爲鐻
자경위거

梓慶削木爲鐻, 鐻成, 見者驚猶鬼神. 魯侯見而問焉, 曰: "子何
자경삭목위거, 거성, 견자경유귀신. 노후견이문언, 왈: "자하

術以爲焉?" 對曰 "臣工人, 何術之有! 雖然, 有一焉, 臣將爲鐻,
술이위언?" 대왈 "신공인, 하술지유! 수연, 유일언, 신장위거,

未嘗敢以耗氣也, 必齊以靜心, 第三日, 而不敢懷慶賞爵祿,
미상감이모기야, 필제이정심, 제삼일, 이불감회경상작록,

第五日, 不敢懷非譽巧拙, 第七日, 輒然忘吾有四枝形體也.
제오일, 불감회비예교졸, 제칠일, 첩연망오유사지형체야.

當是時也, 無公朝, 其巧專而外骨消, 然後入山林, 觀天性,
당시시야, 무공조, 기교전이외골소, 연후입산림, 관천성,

形軀至矣, 然後成見鐻, 然後加手焉, 不然則已. 則以天合天,
형구지의, 연후성현거, 연후가수언, 불연즉이. 즉이천합천,

器之所以疑神者, 其由是與!" 〈達生〉
기지소이의신자, 기유시여!" 〈달생〉

168

62. 말 서커스
동야직이 말을 쓰러지게 하다 東野稷敗馬

동야직은 말을 잘 모는 기술을 가지고 있는데, 말을 타고서 노나라 임금인 장공莊公을 만났다. 그는 말을 모는 데 앞으로 가건 뒤로 가건 간에 먹줄에 들어맞듯이 일직선으로 갈 수 있고, 좌우로 도는 것도 둥근 자에 들어맞을 정도로 곡선이 정확했다. 장공은 옛날 가장 뛰어나게 말을 부렸던 조보造父 조차도 동야직보다 더 나을 수 없을 것이라고 여겼다. 그래서 그로 하여금 굽은 자처럼 구불구불한 길을 일백 번 빙빙 돌아오게 했다.

노나라 현인 안합顔闔이 이러한 상황을 우연히 목격하고 궁으로 들어가 장공에게 말했다. "동야직의 말은 반드시 과로로 쓰러지고 말 것입니다."

그러나 장공은 묵묵히 대답하지 않고 있었는데, 이윽고 과연 그 말은 지쳐 쓰러지고 동야직만 돌아왔다.

장공이 안합에게 물었다. "그대는 어떻게 말이 지쳐서 쓰러질 것을 알았는가?"

안합이 대답했다. "말의 힘이 다 했는데도 동야직에게 오히려 말을 달리게 하도록 강요했으니, 쓰러질 것이라고 말했던 것입니다."

여기서는 말을 잘 모는 동야직의 사례를 빌어 자연스러운 이치를 따르지 않고 인위적으로 무리할 때 실패한다고 했다.

정교한 기술의 연마도 그 여력의 한계 안에서 절제되어야 한다. 한계를 넘어서 과시하고 싶은 욕망까지 더해지면 그나마 이루어 놓은 공력도 수포로 된다. 일을 수행하는 주체자의 역량보다도 부리는 객체자의 의도만 앞설 때 실패한다는 교훈을 담고 있다. 명예나 공훈을 쫓다가 천성의 본질을 벗어나면 결국은 실패로 돌아간다는 것이다. 유사한 이야기가 《순자·애공荀子·哀公》에도 나온다.

東野稷敗馬
동야직 패마

東野稷以御見莊公, 進退中繩, 左右旋中規. 莊公以爲文弗過也.
동야직이어현장공, 진퇴중승, 좌우선중규. 장공이위문불과야.

使之鉤百而反. 顏闔遇之, 入見曰: "稷之馬將敗." 公密而不應.
사지구백이반. 안합우지, 입견왈: "직지마장패." 공밀이불응.

少焉, 果敗而反. 公曰: "子何以知之?" 曰: "其馬力竭矣而猶求焉,
소언, 과패이반. 공왈: "자하이지지?" 왈: "기마력갈의이유구언,

故曰敗."〈達生〉
고왈패."〈달생〉

63. 죽임이라는 운명
산속의 나무와 거위 山木與雁

　장자가 산속을 걷다가 큰 나무를 보았는데, 가지와 잎이 무성하였다. 그런데 나무를 베는 사람이 그 옆에서 걸음을 멈추었지만 나무를 베지 않았다. 그 까닭을 묻자 대답하였다: "쓸모가 없습니다." 이에 장자가 말했다. "이 나무는 재목이 되지 못해서 그 자연적인 수명을 다할 수 있구나!"

　장자가 산에서 나와 친구의 집에서 묵게 되었다. 친구가 기뻐하며 어린 종에게 거위를 잡아 장자를 접대하라고 하였다. 어린 종이 말했다. "한 놈은 울 수 있고, 한 놈은 울지 못합니다. 어떤 놈을 잡을까요?" 주인이 말했다. "울지 못하는 놈을 잡아라."

　다음 날, 제자가 장자에게 물었다: "어제 산속의 나무는 쓸모가 없어서 자연적인 수명을 다할 수 있었습니다. 오늘 주인집의 거위는 쓸모가 없어서 죽었습니다. 선생님은 어느 쪽에 처신하시겠습니까?"

　장자가 웃으며 말했다: "나는 장차 쓸모 있음과 쓸모 없음의 중간에 처할 것이다. 쓸모 있음과 쓸모 없음의 중간은 닮은 것 같지만 아닌 것 즉 사이비다. 그래서 여전히 누적되는 화를 면할 수 없는 것이다."

재목과 재목이 아닌 것은 자기 자신의 의지가 아닌 타인에 의해 결정되는 것이다. 그래서 재목이든 재목이 아니든 언제나 화禍에 얽혀 있을 수밖에 없다. 하지만 자연의 도와 덕은 그것에 대한 분별이 없어 화에 얽히는 일이 없다.

　생사와 같은 중대한 갈림길도 쓸모 있음과 쓸모 없음에 따라 제각기 다르게 적용될 수 있다면 도대체 우리는 어느 쪽에서 생명을 부지해야 되는가? 그 중간조차도 사이비라고 했으니 이는 운명론처럼 들린다.

　《장자》에서 무용한 존재는 대부분 운명적으로 닥친 것이다. 그러나 무용의 장점을 부각하고 반면에 유용의 단점을 드러내어 무용의 존재들에게 운명적인 불행에서 오는 괴로움을 해소할 단서를 제시하였다. 무용지용에 대한 예찬도 여기서는 허무하게 보인다.

　어느 쪽에도 매여서는 안 된다는 메시지는 궁극적으로 생사가 하나이기에 분별을 떨치고 자유로운 경지를 지향하라는 것이다. 이는 단지 생명을 온전시키고 신체를 보전하는 차원이 아니다. 생사의 운명에서 벗어 날 수 없는 생명체로서의 불가피함을 인식하여 괴로움에서 벗어나야 함을 궁극적 해결책으로 제시하였다. 이는 결국 제물적齊物的 사고와 심재心齋라는 실천 방식으로 연계된다.

이 우언에서 유래된 고사성어

목안木雁, 재부재才不才 : 재주 있는 사람과 재주 없는 사람을 뜻한다.
팽불명烹不鳴, 안묵선팽雁默先烹, 장수비안莊叟悲雁 : 재주 없는 사람은 버림을 받게 됨을 뜻한다.
부재목不材木 : 재주 없는 사람을 뜻한다.
안능명雁能鳴 : 재주 있는 사람을 뜻한다.

山木與雁
산목여안

莊子行於山中, 見大木, 枝葉盛茂, 伐木者止其旁而不取也.
장자행어산중, 견대목, 지엽성무, 벌목자지기방이불취야.

問其故, 曰: "無所可用." 莊子曰: "此木以不材得終其天年夫!"
문기고, 왈: "무소가용."장자왈: "차목이부재득종기천년부!"

出於山, 舍於故人之家. 故人喜, 命豎子殺雁而烹之. 豎子請曰:
출어산, 사어고인지가. 고인희, 명수자살안이팽지. 수자청왈:

"其一能鳴, 其一不能鳴, 請奚殺?" 主人曰: "殺不能鳴者." 明日,
"기일능명, 기일불능명, 청해살?" 주인왈: "살불능명자." 명일,

弟子問於莊子曰: "昨日山中之木, 以不材得終其天年; 今主人
제자문어장자왈: "작일산중지목, 이부재득종기천년; 금주인

之雁, 以不材死; 先生將何處?" 莊子笑曰: "周將處乎材與不材
지안, 이부재사; 선생장하처?" 장자소왈: "주장처호재여부재

之間. 材與不材之間, 似之而非也, 故未免乎累." 〈山木〉
지간. 재여부재지간, 사지이비야, 고미면호루." 〈산목〉

64. 왕의 모피를 벗어야

풍성한 여우와 화려한 표범 豐狐文豹

털이 풍성한 여우와 무늬가 화려한 표범이 숲속에서 살고 있다. 그것들이 바위 구멍에 숨어 있는 것은 마음을 고요히 하여 본성을 기르는 정靜이다.

밤중에 돌아다니고 대낮에 우두커니 있는 것은 조심하고 주의하는 계戒다.

비록 배고프고 목마르며 숨어서 견디기 힘들지만 오히려 물가에서 멀리 떨어져 먹이를 찾는 것이 분수를 알아 다툼이 없는 정定이다.

그런데도 그물과 덫에 걸려 잡히는 재앙을 피하지 못한다. 이것이 어찌 여우와 표범에게 죄가 있기 때문이겠는가? 그들의 모피가 그들에게 재앙을 불러온 것이다.

....

여기서는 시남의료市南宜僚라는 사람이 노魯 나라 애공哀公에게 환난을 피할 수 있는 방법을 말해주고 있다. 풍성하고 화려한 모피는 누구나 선망하는 대상이다. 권력도 마찬가지다. 이러한 권력을 놓지 못한다면 무엇보다도 소중한 목숨을 잃고 죽음에 이를 수 있다고 시남의료는 충고하고 있다.

모든 이로부터 선망의 대상이 되는 군주의 지위는 사람들로 하여금
탐욕을 불러일으키게 만든다. 이것은 사람의 세상에서 피할 수 없는 원
리이다. 국가처럼 커다란 것을 소유하고 있을수록 짓눌러지는 무게도
그만큼 버겁다. 아무리 근신해도 밖으로 드러나는 매력에 감싸이고 있
는 한 위험과 근심을 안고 살 수밖에 없다. 여우와 표범에게 아름다운
모피가 있는 한 사냥꾼을 피할 수 없다. 왕이 다스리는 노 나라는 왕의
모피에 해당된다. 이제 왕이 그 자신의 지위와 나라를 잊고 욕심도 버려
서 허허벌판에서 노니는 것만이 근심을 없애는 방법이다. 그 벌판이 바
로 피안의 세계이며 유토피아임을 은자가 말해주고 있다.

豐狐文豹
풍호문표

夫豐狐文豹, 棲於山林, 伏於巖穴, 靜也; 夜行晝居, 戒也; 雖飢
부풍호문표, 서어산림, 복어암혈, 정야; 야행주거, 계야; 수기

渴隱約, 猶且胥疏於江湖之上而求食焉, 定也; 然且不免於罔羅
갈은약, 유차서소어강호지상이구식언, 정야; 연차불면어망라

機辟之患. 是何罪之有哉? 其皮爲之災也. 〈山木〉
기피지환. 시하죄지유재? 기피위지재야. 〈산목〉

65. 빈 배

강을 건너는 두 척의 배 方舟濟河

두 척의 배가 나란히 강을 건너갈 때 어느 빈 배가 와서 나의 배를 부딪치면 비록 마음이 좁은 사람이라도 화를 내지 않는다.

와서 부딪치는 배에 사람이 타고 있으면 간격을 띄우거나 물러서라고 외친다. 한 번 외쳤는데 듣지 않고 다시 외쳤는데도 듣지 않아서 세 번째 외치면 반드시 험한 소리가 뒤따라 이어진다.

이전에는 화를 내지 않았는데 지금은 화를 내는 까닭은 이전에는 배가 비었지만 지금은 사람이 있기 때문이다.

인간이 자기 자신을 비워 세상을 노닐 수 있다면, 누가 그를 해칠 수 있겠는가!

....

앞의 이야기에 이어지는 여기서도 시남의료는 근심 없는 곳으로 가기를 주저하는 노나라 임금에게 빈 배처럼 자기를 비우고 세상을 돌아다니면 아무도 해치지 못할 것이라는 조언을 더해주고 있다. 무심하게 처하여 시비와 이익을 벗어나면 화를 멀리할 수 있다는 뜻이다.

텅 빈 배에 고함을 칠 수 없듯이 마음을 비워버린 사람에게는 누구도 그와 다투거나 그를 해치려는 마음이 들지 않는다. 공허하고 소용없기 때문이다. 나를 먼저 비워버리면 상대도 허공을 스치는 상태를 맛볼 것

이다. 자기를 비우고 도의 광활한 세상에서 놀아야 되는 것, 즉 허기유
세虛己遊世를 말하는 것이다.

方舟濟河
방주 제하

方舟而濟於河, 有虛船來觸舟, 雖有惼心之人不怒: 有一人在其上,
방주이제어하, 유허선래촉주, 수유편심지인불로: 유일인재기상,

則呼張歙之, 一呼而不聞, 再呼而不聞, 於是三呼邪, 則必以惡
즉호장흡지, 일호이불문, 재호이불문, 어시삼호야, 즉필이악

聲隨之. 向也不怒而今也怒, 向也虛而今也實. 人能虛己以遊世,
성수지. 향야불로이금야로, 향야허이금야실. 인능허기이유세,

其孰能害之!〈山木〉
기숙능해지!〈산목〉

66. 무리의 속, 그리고 뒤
동해의 의이라는 새 東海意怠

　동해에 어떤 바다 제비새가 있으니 그 이름을 '의이意怠'라고
한다. 그 새는 퍼덕거리며 높이 날아가지 못하여 무기력한 듯하
다. 세 때들이 이끌어 주어야 비로소 날 수 있고, 가슴팍에 품어주
어야 비로소 깃든다. 전진할 때 감히 앞서지 못하고, 후퇴할 때
감히 뒤에 쳐지지 못한다. 먹는 것은 감히 먼저 맛보지 않고 반드
시 남은 찌꺼기를 갖다 먹는다. 이 때문에 그 새는 같이 날아가는
새들의 줄과 열에서 내쳐지지 않고, 외부의 인간들도 끝내 그 새
를 해치지 못한다. 그래서 화를 모면한다.

....

　이 이야기는 공자가 유세를 다니다가 거의 죽을 뻔한 곤경에 처한
일에 대해서 태공임이라는 은자가 살 수 있는 방법을 충고해주는 대목
이다. 장자는 이에 대처하는 방법을 바다새에 비유하여 말하고 있다.
공명을 버리고 칭송 받지 않으며, 흔적을 남기지 않고 남에게 바라지
않는 사람처럼 되기를 기뻐하라는 것이다. 대중 속에 묻혀 순박하고 떳
떳하게 살아가면 불행한 일이 없어진다고 한다.
　스스로 공을 자랑하는 자는 공로를 잃고, 공을 이루고 몸이 물러나지
않는 자는 실패하며, 명예를 이룬 자가 그 명예에 그대로 머물러 있으면

창피를 당한다. 이는 노자의 생각과 흡사한 것으로서 지혜와 명성을 중시하는 공자학파의 규범주의를 비판한 것이다. 쓸모 없음, 명예 없음에 뜻을 두어 재난을 모면할 수 있는 처세를 말하고 있다.

東海意怠
동해의이

東海有鳥焉, 其名曰意怠. 其爲鳥也, 翂翂翐翐, 而似無能;
동해유조언, 기명왈의이. 기위조야, 분분질질, 이사무능;

引援而飛, 迫脅而棲, 進不敢爲前, 退不敢爲後, 食不敢先嘗,
인원이비, 박협이서, 진불감위전, 퇴불감위후, 식불감선상,

必取其緖. 是故其行列不斥, 而外人卒不得害, 是以免患.
필취기서. 시고기행렬불척, 이외인졸부득해, 시이면환.

〈山木〉
〈산목〉

67. 천륜의 거둠

임회가 보옥을 버리다 林回棄璧

"가假 나라 임회라는 사람이 피난길에서 천금 값이 나가는 보옥을 버리고 갓난아이를 업고서 급하게 뛰어 갔습니다. 그러자 어떤 사람이 말했습니다. '돈으로 따지자면 갓난아이의 가치가 덜 나갈 것이고, 귀찮기로는 갓난아이의 번거로움이 더 많을 터인데 무엇 때문에 그렇게 하시오?'

임회가 말했습니다. '저 보옥은 이익으로 결합한 것이지만, 이 갓난아이는 천성으로 맺어진 것이오.'

무릇 이익 때문에 합친 것은 곤궁과 재난을 당하면 서로를 버리지만, 천성으로 맺어진 것은 곤궁과 재난을 당하면 서로 거두어 줍니다. 서로 거두어 주는 것과 서로를 버리는 것은 그 차이가 큽니다."

....

공자가 유세를 다니다가 곤경에 처하자 제자, 지인들이 모두 떠나버리게 된 상황을 두고 자상호가 공자에게 인간관계의 이치를 말해주는 내용이다. 이 글에서 천성으로 맺어진 관계는 곤궁한 상황이나 재난을 당해도 서로 거두어 주지만, 이익으로 만난 사람들은 상대방을 버린다고 이야기한다.

이해타산에 의한 인간관계는 서로를 버릴 수 있다. 반면 순박함으로 맺어진 관계는 서로를 거두어 준다. 군자의 사귐은 담담하기가 물과 같아서 오래가고, 소인의 사귐은 달콤하여 쉬이 끊긴다. 이해에 얽힌 이합 집산은 저주와 배반이 반복되지만, 본성에 따른 관계는 마음에 수고로움이 없기에 변함없이 이어진다. 어려움에 처한 공자가 친구와 제자를 모두 잃게 된 곤궁함을 우언으로 처리하면서 인간관계의 자연스러운 상황을 언급하였다.

몸은 외물의 자연에 따르게 되면 타인과 뜻이 같게 되고, 감정은 솔직하게 표현하면 번거롭지 않게 된다. 그렇게 되면 예의와 같은 인위적 형식으로 자신을 장식하지 않아도 되고 외물에 의존하지 않게 된다.

이 우언에서 유래된 고사성어

임회기벽林回棄璧, 기벽부영棄璧負嬰 : 천성으로 맺어진 관계는 곤궁한 상황이나 재난을 당하면 서로 구조해주지만, 이익으로 만난 사람들은 이와 같은 경우 상대방을 버린다는 의미이다.

林回棄璧
임 회 기 벽

假人之亡, 林回棄千金之璧, 負赤子而趨. 或曰: '爲其布與? 赤子
가인지망, 임회기천금지벽, 부적자이추. 혹왈: '위기포여? 적자

之布寡矣: 爲其累與? 赤子之累多矣. 棄千金之璧, 負赤子而趨, 何也?
지포과의: 위기루여? 적자지루다의. 기천금지벽, 부적자이추, 하야?

林回曰: "彼以利合, 此以天屬也." 夫以利合者, 迫窮禍患害相棄也;
임회왈: "피이리합, 차이천속야." 부이리합자, 박궁화환해상기야;

以天屬者, 迫窮禍患害相收也. 夫相收之與相棄亦遠矣. 〈山木〉
이천속자, 박궁화환해상수야. 부상수지여상기역원의. 〈산목〉

68. 험난한 세상의 재주꾼
뛰어 오르는 원숭이의 여건 騰猿処勢

뛰어 오르고 날듯이 도망칠 수 있는 원숭이는 거리나무, 가래나무, 녹나무와 같이 올라가기 좋은 커다란 나무에서는 그 나뭇가지를 붙들고 그 사이를 오가면서 솜씨를 발휘한다. 이럴 때는 고대 활쏘기의 명사수인 예羿나 그의 제자인 봉몽逢蒙이라도 조준하지 못한다.

그렇지만 산뽕나무, 대추나무, 탱자나무, 구기자나무와 같이 작고 붙어 있거나 가시가 많은 나무 사이에서는, 걱정스럽게 행동하면서 감히 눈으로 똑바로 보지 못하고 심신이 불안하여 두려워서 덜덜 떨게 된다.

이것은 원숭이의 근골에 무슨 제한이 생겨 융통을 못 부리는 것이 아니라 처한 환경과 조건이 불리하여 그 재능을 충분히 발휘할 수가 없어서 그러한 것이다.

....

여기서는 원숭이가 왜소하고 가시가 많은 나무 사이에 있게 되면 자기 능력을 발휘하지 못한다. 아무리 나무를 능란하게 타는 원숭이도 가시나무 위에서는 벌벌 떨 수밖에 없다. 어리석은 왕과 어지러운 세상

사이에 처하게 되면 뜻을 펼칠 수 없는 현실을 풍자한 것이다.

재주가 아무리 훌륭해도 환경이 불우하면 능력을 펼 수 없다. 회재불우懷才不遇인 것이다. 어두운 군주와 사욕에 묻힌 신하들이 지배하는 세상에 처한 선비는 품고 있는 원대한 포부를 실현할 방도가 없다.

세상의 혼란스러움을 건지고자 해도, 어두운 세상에서는 비간比干(중국 고대 상나라 현신)이 폭군 주紂에게 간언했다가 심장이 찢겨 죽었던 역사를 되풀이 할 수밖에 없다. 장자의 파리한 모습의 원인은 가난(빈貧)이 아니라 회재불우의 의기소침(비憊)인 것으로 묘사되었다. 장자는 가난한 것(빈貧)과 선비로서 뜻을 펼 수 없어서 풀이 꺾여 초췌한 것(비憊)을 구분하였다.

騰猿処勢
등 원 처 세

騰猿, 其得楠梓豫章也, 攬蔓其枝而王長其間, 雖羿蓬蒙不能眄.
등원, 기득남재예장야, 람만기지이왕장기간, 수예봉몽불능면

睨也及其得柘棘枳枸之間也, 危行側視, 振動悼栗, 此筋骨非有
예야. 급기득자극지구지간야, 위행측시, 진동도률, 차근골비유

加急而不柔也, 處勢不便, 未足以逞其能也. 〈山木〉
가급이불유야, 처세불편, 미족이령기능야. 〈산목〉

69. 이익은 우연한 유입

제비의 슬기 鷰鴴之智

　새 가운데 제비보다 더 총명한 것은 없다. 제비는 거처하기에 마땅하지 않은 곳을 보면 더 살필 것도 없이 날아 가버린다. 비록 입에 물었던 먹이가 떨어져도 그것을 버려둔 채 날아 가버린다. 제비는 사람을 두려워하면서도 안주할 곳이 없기에 사람들의 집으로 날아 들어간다. 사람도 이와 마찬가지로 사직에 의존하고 살아갈 수밖에 없다.

....

　여기 이야기는 도가의 입장을 대변하고자 공자를 변신시킨 우언이다. 공자의 입을 통해서 사람에게 주어진 이익이란 외부의 어떤 것이 우연이 자신에게로 유입된 이치일 뿐이라고 했다. 마찬가지로 그것을 탐내지 않았지만 내가 차지하게 된 것도 현실에 머물러 있다 보니 그냥 그렇게 되었을 뿐이다.

　만물은 자연의 조화에 의해서 생겨나고 변화하며 인간도 마찬가지다. 그런데 사람이 자연의 순리에 따르지 않는 것은 자기의 성질에 집착하기 때문이다. 그래서 억지로라도 부귀영화를 누리려고 한다면 마음이 어지럽게 된다. 이는 제비가 현실적으로 사람 근처에 편히 살 수밖에 없으면서도, 마음속으로는 사람을 두려워하는 현상과 같은 것이다.

鷾鴯之智
익이지지

鳥莫知於鷾鴯, 目之所不宜處不給視, 雖落其實, 棄之而走.
조막지어의이, 목지소불의처불급시, 수락기실, 기지이주.

其畏人也, 而襲諸人間. 社稷存焉爾. 〈山木〉
기외인야, 이습제인간. 사직존언이. 〈산목〉

70. 물고 물리는 생태계
장자가 까치를 놓아주다 莊周釋鵲

　장자가 조릉雕陵이라는 밤나무 밭 울타리에서 노닐다가 남쪽으로부터 날아온 기이한 까치를 보았다. 날개의 넓이가 7척이나 되었고, 눈의 직경 길이가 1촌이나 되었다. 그것이 장자의 이마를 스쳐 밤나무 숲에 내려앉았다.

　장자가 말했다. "이것은 무슨 새인가, 날개가 그렇게 크면서도 멀리 날지 못하고, 눈이 그렇게 크면서도 보지 못하다니!" 장자는 아래옷을 걷어 올리고 빠른 걸음으로 나아갔다. 그리고 활을 집어 들어 까치를 몰래 엿보고 있었다.

　그때 마침 매미 한 마리가 나뭇잎으로 잘 덮인 그늘에서 쉬며 자신조차 잊고 있었다. 그리고 가까이에 있던 사마귀는 나뭇잎에 은폐하여 매미를 덮치려고 사냥감만을 보다가 자신의 형체를 잊고 있었다. 바로 뒤에서는 그 기이한 까치가 뒤쫓아 가서 사마귀를 이끗으로만 여겼으니 이끗에 눈독을 들이다가 제 자신의 목숨을 잊고 있었다.

　장자가 두려워 말했다. "아! 만물은 본래 서로 연루되어 피차간을 꾀어내는구나!" 장자가 활을 버리고 돌아가는데, 밤나무 밭을 관리하는 사람이 장자를 밤 따가는 도둑으로 알고 뒤를 쫓아가면서 욕을 했다.

....

장자가 제자 인차顔且와 나눈 대화다. 장자도 외물에 마음을 빼앗겨
자신을 잊다가 도둑으로 몰려 치욕을 당한 뒤 석 달이나 불쾌했다는
이야기다. 장자 자신이 뉘우치는 특이한 내용이다.

장자는 만물은 본래 서로 연루되어 피차를 꾀어낸다고 하였다. 즉
눈앞의 이익을 꾀하는 자는 또 다른 이익에 꾐을 당한다는 것이다. 위의
이야기는 눈앞의 이익에 먼 나머지 자기 자신을 잊지 말고 제 본성을
지켜야 함을 암시하고 있다.

자연계의 천적 관계처럼 만물들은 서로 이해관계와 상호 모순으로
뒤엉켜 있다. 여기서는 이해가 얽히고설킨 위험한 현실 세계의 모습을
묘사하고 있다. 매미를 노리는 사마귀, 사마귀를 노리는 까치, 까치를
노리는 장자, 장자를 노리는 숲지기는 눈앞의 이익에 몰두하여 자신의
근본인 생명을 그르치는 위험한 현실세계의 위험을 선명하게 묘사하
였다.

莊周釋鵲
장주석작

莊周遊於雕陵之樊, 覩一異鵲自南方來者, 翼廣七尺, 目大運寸,
장주유어조릉지번, 도일이작자남방래자, 익광칠척, 목대운촌,

感周之顙而集於栗林. 莊周曰: "此何鳥哉, 翼殷不逝, 目大不覩?"
감주지상이집어율림. 장주왈: "차하조재, 익은불서, 목대부도?"

蹇裳躩步, 執彈而留之. 覩一蟬, 方得美蔭而忘其身, 螳螂執翳
건상곽보, 집탄이류지. 도일선, 방득미음이망기신, 당랑집예

而搏之, 見得而忘其形; 異鵲從而利之, 見利而忘其眞. 莊周怵
이박지, 견득이망기형; 이작종이리지, 견리이망기진. 장주출

然曰: "噫! 物固相累, 二類召也!" 捐彈而反走, 虞人逐而誶之.
연왈: "희! 물고상루, 이류소야!" 연탄이반주, 우인축이수지.

〈山木〉
〈산목〉

71. 진정한 아름다움
추녀는 총애를 받고 미녀는 천대를 받다 醜貴美賤

위魏나라 사람 양자陽子가 송宋나라에 가다가 여관에 묵었다. 여관 주인은 두 명의 첩이 있었는데 한 명은 미녀였고, 한 명은 추녀였다. 추녀는 총애를 받고 미녀는 천대를 받았다.

양자가 그 이유를 묻자 여관의 어린 점원이 대답했다. "미녀는 스스로를 아름답다고 여기므로 저는 그 아름다움을 알지 못하겠습니다. 추녀는 스스로를 추하다고 여기므로 저는 그 추함을 알지 못합니다."

양자가 말했다. "제자들아 기억하라. 행실이 어질더라도 스스로 행실이 어질다는 마음을 버린다면 어디를 간들 사랑받지 않으리오!"

....

위의 이야기에서는 외모의 아름다움보다는 덕을 기르는 내면의 아름다움이 중요하다고 말한다. 그리고 자신의 내면이 아름답다는 것을 잊고 그것을 드러내지 않을 때 비로소 어디를 가든 사랑과 존경을 받을 수 있다고 보고 있다.

외모의 미추美醜나 마음의 선악善惡 자체보다도 아름다움이나 선함을 스스로 의식하지 않고 자랑하지 않을 때라야 그 진가를 인정받는다.

몸에 밴 무심한 처세만이 주위 사람에게 환영을 받는다. 교만과 허세를 부리고 겸허와 배려가 없다면 좋은 여건을 지녀도 배척을 받는다. 이 우언은 미녀와 추녀를 비교하면서 이와 같은 의미를 전하고 있다. 얼굴 은 하루고 마음은 한 달이다. 아름답다고 해도 스스로 아름답다고 여기 지 않아야 사랑을 받을 수 있다.

醜貴美賤
추귀미천

陽子之宋, 宿於逆旅. 逆旅人有妾二人, 其一人美, 其一人惡,
양자지송, 숙어역려. 역려인유첩이인, 기일인미, 기일인악,

惡者貴而美者賤. 陽子問其故, 逆旅小子對曰: "其美者自美,
악자귀이미자천. 양자문기고, 역려소자대왈: "기미자자미,

吾不知其美也; 其惡者自惡, 吾不知其惡也." 陽子曰: "弟子記之:
오부지기미야; 기악자자악, 오부지기악야." 양자왈: "제자기지:

行賢而去自賢之心, 安往而不愛哉!" 〈山木〉
행현이거자현지심, 안왕이불애재!" 〈산목〉

72. 없어지지 않을 나
안회가 스승을 따라 배우다 顔回學師

　안연顔淵이 공자에게 물었다. "선생님께서 느리게 걸으시면 저도 느리게 걷고, 선생님께서 빠르게 걸으시면 저도 빠르게 걷고, 선생님께서 급히 달리시면 저도 급히 달립니다. 그렇지만, 선생님께서 먼지조차 일으키지 않고 쏜살같이 달리시면 저는 뒤에서 눈을 크게 뜨고 그저 바라볼 뿐입니다."

　공자가 말했다. "회回(안연의 이름)야, 그게 무슨 말이더냐?" 안연이 대답했다. "선생님께서 느리게 걸으시면 저도 느리게 걷고, 선생님이 말씀하시면 저도 말하고, 선생님께서 빠르게 걸으시면 저도 빠르게 걷고, 선생님께서 변론하시면 저도 변론하고, 선생님께서 도를 말하시면 저도 도를 말합니다.

　그런데 선생님께서 먼지조차 일으키지 않고 쏜살같이 달리시면 저는 뒤에서 눈을 크게 뜨고 그저 바라볼 뿐이라는 뜻은 바로 다음과 같은 것입니다. 즉, 선생님께서는 아무런 말씀을 하시지 않는데도 신뢰를 받으시고, 친근하려고 하시지 않는데도 두루 사이가 좋으시고, 권세가 없는데도 사람들이 선생님 앞으로 물밀듯이 모이는데, 그렇게 되는 까닭을 알지 못한다는 것입니다."

　공자가 말했다. "아아! 그 이유를 잘 살필 수가 없을 것이다!

무릇 마음이 죽는 것보다 더 큰 슬픔은 없으며, 몸이 죽는 것조차도 그 다음이다. 해는 동쪽에서 떠올라 서쪽으로 지니, 만물 가운데 해가 뜨고 지는 방향을 따르지 않는 것이 없다. 눈이 있고 발이 있는 사람도 여기에 기대어 일을 완성하는 것이니 해가 뜨면 있다가도 해가 지면 없어진다. 만물도 그와 같아서 이러한 조화에 따라서 죽기도 하고 이러한 조화에 따라서 태어나기도 한다.

우리도 조화에 의해 이루어진 사람의 몸을 한 번 부여받았으니, 변화하여서 기가 다 소진되기만을 기다리지 않는다. 외물을 따라 본받아서 움직이는데. 밤낮으로 멈추지 않으니 그 끝나는 곳을 모르겠다. 자연의 훈기를 쪼이듯이 만들어진 사람의 몸이기에 그 운명을 미리 알아내서 앞길을 살펴볼 수 없는 것이다. 나는 이러한 까닭으로 매일 자연의 변화로 나아간다.

내가 평생을 너와 어깨를 맞대고 있는데도 이를 이해할 수 없다니 슬프지 않을 수 있겠는가! 너는 아마 겉으로 나의 드러나는 것만 보는 것 같다. 그것들은 이미 다 지나가버린 것들인데도 너는 있다고 여기고 찾으려 하니, 이는 텅 빈 말 시장에서 말을 구하는 것과 다름이 없다. 내가 생각한 너는 빠르게 사라진다. 네가 생각한 나도 빠르게 사라진다. 그렇더라도 너는 무엇을 걱정하는가! 비록 옛날의 나는 사라졌지만 내게는 사라지지 않고 존재하는 것이 있느니라."

....

공자와 제자 안연의 대화 형식을 빌리고 있다. 인간이란 태양의 뜨고 지는 것과 같은 자연의 변화 이치에 의해 생사가 결정되는 불측의 운명

적인 생명체이다. 오직 신비로운 조화의 부단한 변화에 순응하는 길만
이 존재의 가치를 확인해준다. 보이는 현상이 아닌 보이지 않는 은미함
에서 이치를 터득하라는 것이다.

　자연의 변화에 소멸되는 겉모양의 육체와 변화를 뛰어넘는 마음이
따로 존재할 수 있음을 유추하였다. 변화에 의해 없어질 나와 그렇지
않을 내가 있다는 것이다. 안연이 공자를 우러러보는 내용은《논어 자
한》편에도 나온다.《장자》에서는 공자의 대답을 우언으로 보태어 구성
하였다.

이 우언에서 유래된 고사성어

역보역추亦步亦趨 : 남을 맹목적으로 따르는 것을 말한다.
분일절진奔逸絶塵, 당호기후瞠乎其後 : 매우 뛰어나 따라할 수 없음을
의미한다.
실지교비失之交臂 : 기회를 직접 마주치고도 놓친 것을 뜻한다.

顔回學師
안 회 학 사

顔淵問於仲尼曰: "夫子步亦步, 夫子趨亦趨, 夫子馳亦馳, 夫子
안연문어중니왈: "부자보역보, 부자추역추, 부자치역치, 부자

奔逸絶塵, 而回瞠若乎後矣!" 夫子曰: "回, 何謂邪?" 曰: "夫子步,
분일절진, 이회당약호후의!" 부자왈: "회, 하위야?" 왈: "부자보,

亦步也者, 夫子言, 亦言也, 夫子趨, 亦趨也. 夫子辯, 亦辯也.
역보야자, 부자언, 역언야, 부자추, 역추야. 부자변, 역변야.

194

夫子馳, 亦馳也者, 夫子言道, 回亦言道也, 及奔逸絶塵而回瞠
부자치, 역치야자,부자언도, 회역언도야, 급분일절진이회당

若乎後者, 夫子不言而信, 不比而周, 無器而民滔乎前, 而不知
약호후자, 부자불언이신, 불비이주, 무기이민도호전, 이부지

所以然而已矣." 仲尼曰: "惡! 可不察與! 夫哀莫大於心死, 而人
소이연이이의." 중니왈: "오! 가불찰여! 부애막대어심사, 이인

死亦次之. 日出東方而入於西極, 萬物莫不比方, 有首有趾者,
사역차지. 일출동방이입어서극, 만물막불비방, 유수유지자,

待是而後成功, 是出則存, 是入則亡. 萬物亦然, 有待也而死,
대시이후성공, 시출즉존, 시입즉망. 만물역연, 유대야이사,

有待也而生. 吾一受其成形, 而不化以待盡, 效物而動, 日夜無隙,
유대야이생. 오일수기성형, 이불화이대진, 효물이동, 일야무극,

而不知其所終, 薰然其成形, 知命不能規乎其前, 丘以是日徂.
이부지기소종, 훈연기성형, 지명불능규호기전, 구이시일조.

吾終身與汝交一臂而失之. 可不哀與! 汝殆著乎吾所以著也.
오종신여여교일비이실지. 가불애여! 여태저호오소이저야.

彼已盡矣, 而汝求之以爲有, 是求馬於唐肆也. 吾服汝也甚忘.
피이진의, 이여구지이위유, 시구마어당사야. 오복여야심망.

汝服吾也亦甚忘. 雖然, 汝奚患焉! 雖忘乎故吾, 吾有不忘者存."
여복오야역심망. 수연, 여해환언! 수망호고오, 오유불망자존."

〈田子方〉
〈전자방〉

73. 도가는 높고 유가는 낮다
노나라에는 유사가 적다 魯國少儒

장자가 노魯나라 애공哀公을 만났다.

애공이 말했다. "우리 노나라에는 유학자는 많지만, 선생의 도가 학문을 연구하는 사람은 적습니다."

장자가 말했다. "노나라에는 유학자가 적습니다."

애공이 물었다. "노나라의 모든 사람이 유가의 복장을 하고 있는데 어찌 적다고 말합니까?"

장자가 대답했다. "제가 들어보니 유학자들 가운데 둥근 모자를 쓴 사람은 천문을 아는 것이고, 네모난 신발을 신은 사람은 지리를 아는 것이고, 오색의 긴 끈으로 패옥을 허리에 찬 사람은 사건이 생기면 판결을 내리는 것이라고 합니다.

군자 가운데 도를 지닌 사람이라고 해서 꼭 유가의 옷을 입는 것은 아니며, 유가의 옷을 입은 사람이라도 반드시 도를 아는 것은 아닙니다. 군왕께서 참으로 그렇지 않다고 여기신다면 어째서 도성 안에 이렇게 명령을 내리지 않으십니까 '유가의 도를 지니지도 못하면서 유가의 옷을 입는 사람은 사형으로 죄를 묻겠다!'

그래서 애공이 명령을 내린 지 닷새가 되자 노나라에는 감히 유가의 옷을 입은 사람이 없었다. 그런데 한 사내가 홀로 유가의 옷을 입고 조정의 문 앞에 섰다. 애공이 바로 그 사내를 불러서 나라의 일을 물었더니 천변만화로 다방면에 걸쳐 대답하는데 막힘이 없었다.

그러자 장자가 말했다. "노나라에 통틀어 유학자는 이 한 사람만 있을 뿐입니다. 그런데도 많다고 말할 수 있겠습니까?"

....

도를 체득한 자, 덕이 충만된 자는 외형을 중시하지 않는다는 이치로 유가의 형식 존중을 비판하였다.

〈전자방〉 편에서는 여러 차례 유가를 폄훼하고 도가를 존숭하는 대목이 나오는데 여기 이야기도 그와 같은 유형의 일부다. 그러면서도 유일하게 참된 유학자 한 사람을 거론했는데 그가 공자임을 추측할 수 있다. 춘추시대의 애공과 전국시대의 장자가 대화했다는 것은 실화가 아니라 우언의 구성이었음을 나타내주고 있다.

魯國少儒
노국소유

莊子見魯哀公. 哀公曰: "魯多儒士, 少爲先生方者." 莊子曰: "魯少儒."
장자견노애공. 애공왈: "노다유사, 소위선생방자." 장자왈: "노소유."

哀公曰: "擧魯國而儒服, 何謂少乎?" 莊子曰: "周聞之, 儒者冠圜
애공왈: "거노국이유복, 하위소호?" 장자왈: "주문지, 유자관환

冠者, 知天時, 履句屨者, 知地形, 緩佩玦者, 事至而斷.
관자, 지천시, 이구구자, 지지형, 완패결자, 사지이단.

君子有其道者, 未必爲其服也, 爲其服者, 未必知其道也. 公固
군자유기도자, 미필위기복야, 위기복자, 미필지기도야. 공고

以爲不然, 何不號於國中曰: "無此道而爲此服者, 其罪死!" 於是
이위불연, 하불호어국중왈: "무차도이위차복자, 기죄사!" 어시

哀公號之五日, 而魯國無敢儒服者, 獨有一丈夫儒服而立乎公門.
애공호지오일, 이노국무감유복자, 독유일장부유복이립호공문.

公卽召而問以國事, 千轉萬變而不窮. 莊子曰: "以魯國而儒者
공즉소이문이국사, 천전만변이불궁. 장자왈: "이노국이유자

一人耳, 可謂多乎?" 〈田子方〉
일인이, 가위다호?" 〈전자방〉

74. 소만 먹임

백리해가 소를 기르다 百里奚飯牛

　백리해는 벼슬자리와 녹봉을 마음에 들여놓지 않는 인물이었다. 그래서 그는 빈천하여 소를 길렀는데 소가 살찌게 되었다. 이 때문에 진목공으로 하여금 그의 천한 지위를 개의치 않게 하여 그에게 정사를 맡도록 하였다.

·····················

　백리해는 원래 우나라 사람이었는데 우나라가 진나라에게 멸망당한 뒤 진나라 목공에게 등용된 현자다. 진목공은 춘추오패 중 한명으로 불려지기도 하는데, 인재 등용을 매우 중시한 군주였다. 백리해는 당시 소나 키우는 미천한 신분이었으나 정세 파악에 아주 밝은 인물이었다. 백리해는 작록을 마음에 두지 않았고, 목공도 그의 천한 신분을 개의치 않고 등용하게 되었다는 이야기다.
　그러나 역사적 사실은 백리해가 평소 등용을 매우 꿈꾼 인물이었고 소를 키운 것은 잠시 불가피한 사정 때문이었다. 이 우언에서는 생애의 어느 한 단락을 끊어서 작자가 하고 싶은 의미를 전달하고자 한 것이다. 순임금이 생사를 마음에 담지 않았기에 자기를 죽이려 했던 이복동생을 감동시킬 수 있었다는 이야기와 연결시킨 이야기의 일부다.

百里奚飯牛
백리해반우

百里奚爵祿不入於心, 故飯牛而牛肥, 使秦穆公忘其賤,
백리해작록불입어심, 고반우이우비, 사진목공망기천,

與之政也. 〈田子方〉
여지정야. 〈전자방〉

75. 벌거벗은 화가
참된 화공 眞正畵師

송나라 왕 원군이 지도를 그리려고 하니, 화공들이 모두 몰려들었다. 왕에게 절을 한 뒤에 왕이 답례로 사의를 표하는 읍을 받고, 제자리에 서서 붓을 적시고 먹을 고루 섞는데, 너무 많아서 밖에 있는 사람이 절반이나 되었다.

어떤 화공이 마지막에 도착하여 편안하고 자유로운 모습을 한 채 종종 걸음으로 나아가지도 않았다. 절을 한 뒤 임금의 답례를 받고서도 제자리에 서 있지 않고 그 길로 곧장 숙사로 가버렸다.

송나라 원공이 사역을 보내 그 화공을 살펴보게 하니 그는 이미 옷을 벗고 상반신을 드러내며 책상다리를 하고 앉아 있었다. 송원군이 말했다. "됐다. 이 사람이야말로 진정한 화공이구나"

....

진정한 창조인은 형식적 구속이 없다. 예술가의 자유 인격, 개성적인 예술은 절차나 규범의 속박이 없다. 내면의 자연적인 창의성이 존중될 뿐 인위적인 형식의 답습은 지엽적이다. 이 우언은 후대 중국의 예술가 정신을 상징하는 지표가 되었다.

앞 글과 이 글에서 장자는 백리해와 참된 화공을 통해 외적인 것에 구애받지 않고, 세속적인 것들을 초월한 진인眞人의 모습을 제시하고 있다.

여기서는 진정한 예술인의 자세를 비유한 것으로서 이는 후대 중국 미술사에서 참된 예술가의 경지를 논하는 중요한 표준이 되었다. 예술가는 기존의 예법 형식이나 인습, 그리고 생사 여탈권자의 위엄조차 안중에 두지 않고 내면적 자유를 구가하여 자연스럽게 구현하는 자세를 지녀야만 훌륭한 예술품을 창작할 수 있다는 것이다. '옷을 벗고 상반신을 드러내며 책상다리를 하고 앉아있다(해의반박라解衣般礴贏)'는 구절은 지금까지도 중국 미술의 기본 원리를 내포하는 상징적인 평어로 쓰이고 있다.

眞正畵師
진정화사

宋元君將畵圖, 衆史皆至, 受揖而立; 舐筆和墨, 在外者半.
송원군장화도, 중사개지, 수읍이립; 지필화묵, 재외자반.

有一史後至者, 儃儃然不趨, 受揖不立, 因之舍. 公使人視之,
유일사후지자, 천천연불추, 수읍불립, 인지사. 공사인시지,

則解衣般礴贏. 君曰: "可矣, 是眞畵者也." 〈田子方〉
즉해의반박라. 군왈: "가의, 시진화자야." 〈전자방〉

76. 백척간두의 궁술
열자가 활을 쏘아 보이다 列子爲射

열어구列禦寇가 백혼무인伯昏無人을 위해서 활을 쏘아 보였다. 그는 활을 잔뜩 당기고 물을 담은 잔을 왼쪽 팔꿈치 위에 올려놓고 활을 쏘았다. 화살을 쏘고 바로 뒤이어 화살을 시위에 얹고, 두 번째 화살을 쏘자마자 세 번째 화살을 시위에 올려놓았는데 이때에 그의 모습은 마치 나무로 만든 인형 같았다.

백혼무인이 말했다. "이는 의식적으로 쏘려고 해서 쏘는 것이지 쏘는 것을 잊은 무심無心으로 쏘는 것이 아니다. 시험 삼아 내가 너와 함께 높은 산에 올라가 위험한 바위를 밟고 서서 백척이나 되는 깊은 못에 임하여도 너는 활을 쏠 수 있겠는가?"

그래서 백혼무인은 곧 바로 높은 산에 올라가 위험한 바위를 밟고 서서 백 척의 깊은 못에 임하여 깊은 못을 등지고 뒷걸음쳐서 발의 3분의 2가 바깥의 허공에 뜬 채 열어구에게 읍하면서 그로 하여금 앞으로 오게 하였다. 열어구는 바닥에 엎드려 기어갔는데, 식은땀이 발꿈치에까지 흘렀다.

백혼무인이 말했다. "무릇 수양이 최고의 경지에 오른 지인至人은 위로는 푸른 하늘을 보고 아래로는 황천黃泉을 탐측하며 팔방을 자유로이 다녀도 안색이 변하지 않는다. 지금 마음의 공포심으

로 눈앞이 어질어질하여 깜깜해진 꼴로 있으니 너는 명중시킬 가
능성이 아주 적다!"

....

　열어구가 평지에서는 활을 잘 쏘았으나, 높은 산에 올라가 깊은 연못
에 임하여 활을 쏘지 못한 것은 그가 두려움을 극복하지 못하였기 때문
이다. 이것은 노자가 지적한 것처럼 마음에 명리를 추구하는 욕망이 있
어서다. 이러한 유심의 상태에서는 신체적으로도 부드러움을 유지하지
못하고 긴장과 경직이 수반되기 때문이다. 장자는 여기서 열어구의 형
상을 빌어 두려움 등과 같은 인위적인 속박에서 벗어나야만 지인至人의
경지에 이를 수 있다는 이치를 역설한다.
　궁술을 예로 들어서 어떤 극한 상황에 처해도 죽음, 공포 같은 마음을
남겨두지 않고 무심하게 신기를 유지할 수 있어야 최고의 경지를 이룩
할 수 있다는 것이다. 무심의 경지가 정신집중을 극대화할 수 있다. 왜
냐하면 마음(心)은 분별을 일으키고 경계를 짓기 때문이다. 그래서《노
자》에서도 마음은 비우고, 배는 채워야 된다고 했다.

列子爲射
열자위사

列禦寇爲伯昏無人射, 引之盈貫, 措杯水其肘上, 發之, 適矢復遝,
열어구위백혼무인사, 인지영관, 조배수기주상, 발지, 적시부답,

方矢復寓.當是時, 猶象人也. 伯昏無人曰: "是射之射, 非不射之
방시복우. 당시시, 유상인야. 백혼무인왈: "시사지사, 비불사지

射也. 嘗與汝登高山, 履危石, 臨百仞之淵, 若能射手?" 於是無人
사야. 상여여등고산, 리위석, 림백인지연, 약능사호?" 어시무인

遂登高山, 履危石, 臨百仞之淵, 背逡巡, 足二分垂在外, 揖禦寇
수등고산, 리위석, 림백인지연, 배준순, 족이분수재외, 읍어구

而進之. 禦寇伏地, 汗流至踵. 伯昏無人曰: "夫至人者, 上窺青天,
이진지. 어구복지, 한유지종. 백혼무인왈: "부지인자, 상규청천,

下潛黃泉, 揮斥八極, 神氣不變. 今汝怵然有恂目之志, 爾於中
하잠황천, 휘척팔극, 신기불변. 금여출연유순목지지, 이어중

也殆矣夫!" 〈田子方〉
야태의부!" 〈전자방〉

77. 도는 똥 오줌
도가 있는 곳 道之所在

동곽자東郭子가 장자에게 물었다. "도는 어디에 있습니까?"
장자가 말했다. "있지 않는 곳이 없습니다."
동곽자가 말했다. "구체적으로 한정해주셔야 이해할 수 있습니다."
장자가 말했다. "땅강아지나 개미에게도 있습니다."
동곽자가 말했다. "어째서 그리 저급한 곳에 있습니까?"
장자가 말했다. "돌피나 참피에도 있습니다."
동곽자가 말했다. "어째서 더욱 저급한 곳으로 내려가십니까?"
장자가 말했다. "기왓장이나 벽돌에도 있습니다."
동곽자가 말했다. "어째서 더 심해지십니까?"
장자가 말했다. "똥이나 오줌에도 있습니다."
동곽자가 대답하지 않았다.
장자가 말했다. "그대의 질문은 본래 실질에 닿지 못한 것입니다. 시장 감독관 획獲이 백정에게 돼지의 살찐 정도를 조사하는 방법을 물으면 아래쪽을 밟을수록 살이 쪘는지의 여부를 더 잘 알 수 있다고 대답합니다."

여기서 장자는 도道의 보편적 내재성을 밝히고 있다. 도의 입장에서 본다면 만물은 귀천이 없다. 도는 가까운 일상의 모든 사물에 존재한다. 사물을 떠나서는 도가 없고 도를 떠나서도 사물이 없다. 공자도 내가 인을 실천하고자 한다면 바로 여기에 있다고 했듯이, 도 역시 우리 삶 속에 내재되어 있다.

도는 없지 않은 곳이 없으면서, 구체적인 형상도 없다. 그러므로 동곽 자처럼 인위적인 경계를 세우면 도를 알 수 없다.

도는 모습이 없기 때문에 이합집산이나 대소다과도 없다. 또한 도는 어떠한 사물이나 사건에도 경계를 두지 않는다. 사물이 있으면 도가 있게 마련이다. 사물을 사물로써 존재하게 하는 것, 그래서 도는 어디에나 존재한다. 이는 도의 보편적인 내재성을 논한 것이다.

이 우언에서 유래된 고사성어

도재뇨닉道在屎溺, 매하유황每下愈況 : 모두 도가 천한 곳에 있음을 알 게 되면 그 전체도 잘 알 수 있을 것이라는 뜻이다.

道之所在
도지소재

東郭子問於莊子曰: "所謂道, 惡乎在?" 莊子曰: "無所不在."
동곽자문어장자왈: "소위도, 오호재?" 장자왈: "무소부재."

東郭子曰: "期而後可." 莊子曰: "在螻蟻." 曰: "何其下邪?"
동곽자왈: "기이후가." 장자왈: "재루의." 왈: "하기하야?"

曰: "在稊稗." 曰: "何其愈下邪?" 曰: "在瓦甓." 曰: "何其愈甚邪?"
왈: "재제피." 왈: "하기유하야?" 왈: 재와벽." 왈: "하기유심야?"

曰: "在屎溺." 東郭子不應. 莊子曰: "夫子之問也, 固不及質.
왈: "재시닉." 동곽자불응. 장자왈: "부자지문야, 고불급질.

正獲之問於監市履狶也, 每下愈況." 〈知北遊〉
정획지문어감시리희야, 매하유황." 〈지북유〉

78. 아무 생각 없이
칼을 두드리는 노인 捶鉤老人

초楚나라의 고위직인 대사마大司馬 휘하에 칼을 두드려 단련시키는 공인이 있었다. 나이가 팔십이었는데, 털끝만큼의 착오도 없었다.

대사마가 말했다. "그대는 기교가 있는 것인가? 아니면 도가 있는 것인가?"

노인이 대답했다. "신臣은 지키는 것이 있습니다. 신의 나이 이십부터 칼 두드리는 일을 좋아하여 다른 사물은 거들떠보지 않았고, 칼이 아니면 관심도 없었습니다. 이렇게 칼을 두드리는 방면에 힘쓰는 것은 다른 사물에 쓰지 않는 힘까지 빌려 온 것입니다. 그래서 오래도록 여기에 힘을 쓸 수 있었습니다. 하물며 쓰지 않음조차 없는 것은 어떠하겠습니까! 천지 만물 어느 것인들 이 같은 경지에서 비롯되지 않겠습니까!"

....

노인은 갈고리 모양의 병기를 제작하는 사람이다. 오직 그 일에만 집중하고 다른 방면에 정력을 소모하지 않기 때문에 오래도록 작업에 집중할 수 있었다. 이는 인위적인 숙련의 절정이라 할만하다. 그러나 이보다 더 높은 경지는 힘을 쓰지 않는 것조차도 아예 생각할 필요가 없는 경지일 것이다. 기교는 순일하게 마음을 써서 얻는 효용을 통해 드러난다. 이를 넘는 도의 차원은 그러한 마음마저 씻어낸 상태에서 이루어진다.

불교에서 가장 큰 화두인 욕심을 갖지 말라는 것보다 더 깊은 경지는 욕심을 갖지 말아야 된다는 그 생각까지 지우는 것이라는 의미와 상통된다.

捶鉤老人
추구노인

大馬之捶鉤者, 年八十矣, 而不失豪芒. 大馬曰: "子巧與! 有道與?"
대마지추구자, 년팔십의, 이불실호망. 대마왈: "자교여! 유도여?"

曰: "臣有守也. 臣之年二十而好捶鉤, 於物無視也, 非鉤無察也.
왈: "신유수야. 신지년이십이호추구, 어물무시야, 비구무찰야.

是用之者, 假不用者也, 以長得其用, 而況乎無不用者乎!
시용지자, 가불용자야, 이장득이용, 이황호무불용자호!

物孰不資焉!" 〈知北遊〉
물숙부자언!" 〈지북유〉

79. 최상급은 나를 잊는 것
개와 말을 관찰하다 相狗相馬

은사隱士인 서무귀徐無鬼가 여상女商을 통하여 위魏나라 왕을
알현하였다, …… 잠시 뒤 서무귀가 말했다. "제가 시험 삼아 임금
님께 개를 관찰하는 방법을 아뢰겠습니다.

재질이 하등인 개는 배불리 먹을 것을 구하면 그만이니 이것은
고양이와 같은 천성입니다. 재질이 중등인 개는 마치 해를 응시하
는 듯합니다. 재질이 상등인 개는 그 자신을 잊은 듯합니다.

제가 개를 관찰하는 것은 또한 제가 말을 관찰하는 것만 못합
니다. 제가 말을 관찰하건대, 곧은 부위는 목공이 쓰는 먹줄에 부
합하고, 굽은 부위는 갈고리에 부합하며, 각진 부위는 곱자에 부
합하고, 둥근 부위는 컴퍼스에 부합하면 이것은 나라에서 좋은
말 즉 국마國馬입니다.

그러나 아직 천하의 좋은 말만은 못합니다. 천하의 좋은 말은
천생에 타고난 재질이 있고, 근심이 있는 듯 무엇을 잃은 듯하며
그 자신조차 잊은 듯합니다. 천하에서 가장 좋은 이러한 말이
일단 나는 듯이 달리면 뭇 말들보다 우뚝 뛰어나 티끌이 달라붙
지 않으며 그 멈추는 곳을 알지 못합니다." 왕이 크게 기뻐하며
웃었다.

자신의 욕망과 자아의 집착에서 벗어나고, 더 나아간 최종의 단계에서는 자기라는 의식조차 잊는 진인의 경지가 어떤 것인지를 개와 말의 감정 평가 방식으로 비유하였다.

위의 이야기는 재질이 상등인 개와 천하의 좋은 말을 비유하여 자기 자신을 잊는 경지에 이르러서야 초연히 진리를 터득할 수 있음을 설명하고 있다.

욕망과 감정을 억제하면 감각기관이 눌려 병들고, 방류하면 생명의 바탕이 병든다고 한다. 개와 말의 최상품은 제 몸을 잊은 듯 정신이 안정된 상태라고 하였다. 사람도 자신의 욕망과 감정에서 벗어나 좋은 능력을 지니는 상등급이 되기 위해서는 자신의 이기적 몸뚱아리에 대한 집착에서 벗어나 자기를 잊어야만 된다는 이야기다.

相狗相馬
상구상마

徐無鬼因女商見魏武侯, …… 少焉, 徐無鬼: "嘗語君, 吾相狗也.
서무귀인여상현위무후, …… 소언, 서무귀: "상어군, 오상구야.

下之質, 執飽而止, 是狸德也; 中之質, 若視日, 上之質, 若亡其一.
하지질, 집포이지, 시리덕야; 중지질, 약시일, 상지질, 약망기일.

吾相狗, 又不若吾相馬也. 吾相馬, 直者中繩, 曲者中鉤, 方者中矩,
오상구, 우불약오상마야. 오상마, 직자중승, 곡자중구, 방자중구,

圓者中規, 是國馬也, 而未若天下馬也. 天下馬有成材, 若卹若失,
원자중규, 시국마야, 이미약천하마야. 천하마유성재, 약휼약실,

若喪其一, 若是者, 超軼絶塵, 不知其所." 武侯大悅而笑.〈徐無鬼〉
약상기일, 약시자, 초질절진, 부지기소." 무후대열이소.〈서무귀〉

80. 참된 이의 참된 말
나그네가 고국을 그리워하다 流人思國

그대는 월나라의 방랑자에 대해 듣지 못했는가?

그 방랑자는 나라를 떠나서 며칠이 지났을 때에는 아는 사람을 보고 기뻐했다. 나라를 떠나서 열흘이나 한 달쯤이 지났을 때에는 고국에서 본 적이 있는 사람을 보고 기뻐했다. 일 년쯤이 지나서는 고국 사람과 비슷하게 생긴 사람만 봐도 기뻐했다.

사람과 떨어진 지 오래될수록 사람을 그리워하는 마음은 깊어지는 것이 아니겠는가? 무릇 인적이 끊어진 산골짜기로 도망간 사람은 족제비가 다니는 좁은 길조차 잡초에 막혀버린 그 텅 빈 곳에 오랫동안 살았기에 사람의 발소리를 듣고도 기뻐할 따름이다. 하물며 형제와 친척의 웃음소리가 자신의 곁에서 들린다면 어떻겠는가?

....

진리란 만나기 어렵기 때문에 그만큼 더 추구하려는 가치가 있다. 그 보배로운 희귀성 때문에 감화의 여력 역시 이에 비례하는 것이다.

본문은 사람과 멀리 떨어진 지 오래된 월나라의 나그네의 이야기를 통해 진실된 도를 듣는 기쁨에 대해 말하고 있다.

앞의 이야기에 덧붙여 목마를 때 물이 절실하듯이 생명을 보전하는 이치도 절실하게 갈망하는 자에게만 흡수될 것이라고 했다.

이 우언에서 유래된 고사성어

공곡족음空谷足音 : 인적이 끊긴 골짜기에 발소리가 들린다는 뜻으로
자신의 의견과 뜻이 맞는 사람처럼 만나기 힘든 것을 만났을 때의 기쁨
을 의미한다. 종자기鍾子期의 지음知音 고사처럼 자신을 알아주는 사람
을 만나기 힘들다는 것을 의미한다.

流人思國
유인사국

子不聞夫越之流人乎? 去國數日, 見其所知而喜. 去國旬月,
자부문부월지류인호? 거국수일, 견기소지이희. 거국순월,

見所嘗見於國中者喜, 及期年也見似人者而喜矣. 不亦去人滋久,
견소상견어국중자희, 급기년야견사인자이희의. 불역거인자구,

思人滋深乎? 夫逃虛空者, 藜藋柱乎鼪鼬之逕, 踉位其空,
사인자심호? 부도허공자, 여조주호생유지경, 양위기공,

聞人足音跫然而喜矣, 又況乎昆弟親戚之謦欬其側者乎! 〈徐無鬼〉
문인족음공연이희의, 우황호곤제친숙지경해기측자호! 〈서무귀〉

81. 해로운 것만 제거하기
황제가 도에 대해 묻다 黃帝問道

황제黃帝가 구자산具茨山에 살고 있다는 대외大隗라고 하는 도가의 현인을 만나러 가려고 했다. 방명方明이 왼쪽에서 수레를 몰고, 창우昌寓가 오른쪽에서 황제를 모시며 수레를 탔다. 장약張若과 습붕諂朋은 앞서서 말을 인도하고, 곤혼昆閽과 골계滑稽는 수레를 뒤따랐다. 이 일곱 성인들이 양성襄城의 들판에 이르러 모두 길을 잃었는데 길을 물을 곳이 없었다.

그러다가 때마침 말을 키우는 목동을 만나 길을 물었다. "너는 구자산을 아는가?" 아이가 대답했다. "압니다."

성인들이 물었다. "너는 대외께서 계신 곳을 아는가?"

아이가 대답했다. "그렇습니다."

황제가 말했다. "기묘한 어린아이로구나! 구자산을 알 뿐만 아니라, 대외가 있는 곳도 알다니! 그렇다면 천하를 다스리는 법도 묻고 싶구나."

어린아이가 대답했다. "천하를 다스리는 것도 이렇게 말 기르는 일과 같을 뿐인데, 또 어찌 굳이 일을 만드시려고 하십니까!

……

황제가 말했다. "천하를 다스리는 것은 진실로 너의 일이 아니다. 그렇지만 천하를 다스리는 법을 묻고 싶다."

어린아이는 거절했다.

황제가 또 물어보자 어린아이가 대답했다. "무릇 세상을 다스리는 것이 말을 키우는 것과 무엇이 다르겠습니까! 그저 말을 해치는 것을 없앨 뿐입니다!"

황제는 두 번이나 머리를 땅에 닿도록 조아리고 아이를 하늘 같은 스승이라 일컫고 물러났다.

....

도가의 무위의 다스림을 목동의 말 키우는 방식으로 비유했다. 구자산은 실현이 불가능한 이상향의 세계를, 양성은 도달할 수 있는 바람직한 세상의 이상향을, 일곱 성인은 유가적 통치 방식에 머무르는 치자들을 가리킨다. 본성을 그대로 보전하고 위해 요소만을 제거하는 일이 소극적으로 비춰지기도 하지만 낭비를 되풀이하지 않는다는 측면에서는 능동이 내재된 것이다.

《노자》에서는 내가 무위하니 백성들도 저절로 잘되고 있다고 했다. 천하를 다스리는 것은 자연에 맡기는 일이라고 한 것이다. 무위의 정치라는 것은 탈이 생길 것만 제거하여 외부로부터 보호해주고 나머지는 물이 흐르듯이 가만히 놓아두는 것을 의미한다.

이 우언에서 유래된 고사성어

해군지마害群之馬: 본성을 해치는 것을 뜻하는데, 한 집단에 해악을 끼치는 사람을 표현할 때 쓰인다.

黃帝問道
황제문도

黃帝將見大隗乎具茨之山, 方明爲御, 昌寓驂乘, 張若謵朋前馬,
황제장현대외호구자지산, 방명위어, 창우참승, 장약습붕전마,

昆閽滑稽後車. 至於襄城之野, 七聖皆迷, 無所問塗. 適遇牧馬童子,
곤혼골계후거. 지어양성지야, 칠성개미, 무소문도. 적우목마동자,

問塗焉, 曰: "若知具茨之山乎?" 曰: "然." "若知大隗之所存乎?"
문도언, 왈: "약지구자지산호?" 왈: "연." "약지태외지소존호?"

曰: "然." 黃帝曰: "異哉小童! 非徒知具茨之山, 又知大隗之所存.
왈: "연." 황제왈: "이재소동! 비도지구자지산, 우지태괴지소존.

請問爲天下." 小童曰: "夫爲天下者, 亦若此而已矣, 予又奚事焉!
청문위천하."소동왈: "부위천하자, 역약차이이의, 여우해사언!

…… 黃帝曰: "夫爲天下者,則誠非吾子之事. 雖然, 請問爲天下."
…… 황제왈: "부위천하자,즉성비오자지사. 수연, 청문위천하."

小童辭. 黃帝又問. 小童曰: "夫爲天下者, 亦奚以異乎牧馬者哉!
소동사. 황제우문. 소동왈: "부위천하자, 역해이이호목마자재!

亦去其害馬者而已矣!" 黃帝再拜稽首, 稱天師而退. 〈徐無鬼〉
역거기해마자이이의!" 황제재배계수, 칭천사이퇴. 〈서무귀〉

82. 본말의 전도
자식은 버리면서 악기는 찾는다 蹢子求鍾

제나라 사람이 자식을 송나라에 버려두어 문지기를 시킬 때는 불구자인 채로 방치하더니, 목이 긴 술병처럼 생긴 악기를 구해서는 깨질까 봐 잘 동여매어 놓았다. 자식을 잃어버리고 찾을 적엔 문지방을 넘어서 나가 본 적도 없던 사람이다.

이 두 행위는 정도를 놓치고 본말이 전도된 것이다.

....

당시 제자백가들이 쟁명할 때 유가, 묵가, 양주, 명가 등이 서로 자기는 옳고 상대는 그르다는 시비 논쟁이 난무했다. 이 이야기는 장자와 혜시의 문답 가운데 일부다. 혜시 자신은 다른 학파들로부터 비판을 받지 않는다는 것을 내세워 자기의 주장이 옳다고 하였다. 이에 대해서 장자는 위의 예를 들면서 혜시의 주장은 본말을 전도시킨 것이라고 하였다. 그것은 마치 노거魯遽가 연주한 거문고 소리의 공명도 알고 보면 음률이 같거나 으뜸음과의 관계의 다른 줄을 퉁긴 결과에서 비롯된 현상일 뿐이라는 것이다. 누구나 승인할 수 있는 공시公是가 존재하지 않는데 각기 자신이 옳다고 여기는 것은 근본을 놓치는 말단임을 지적하고 있다.

218

躑子求鍾
척자구종

齊人躑子於宋者, 其命閽也不以完, 其求鈃鐘也以束縛,
제인척자어송자, 기명혼야불이완, 기구견종야이속박,

其求唐子而未始出域, 有遺類矣! 〈徐無鬼〉
기구당자이미시출역, 유유류의! 〈서무귀〉

83. 독선의 위험

문지기를 꾸짖고 원한을 맺다 蹢閽造怨

어떤 초나라 사람이 타향살이를 하고 있다가 문지기를 꾸짖고, 한밤중에 사람이 없을 때 몰래 도망을 쳤다. 그리고 또 뱃사공과 다투었는데 그가 탄 배는 아직 강 건너 언덕에 이르지 못하고 있는 때였다. 그는 이미 이것들로써 커다란 원한을 만들어 버린 것이다. 이는 참으로 어리석은 짓이다.

....

이 글도 앞의 우언과 이어지는 이야기인데, 장자는 사람들이 각자 자기가 옳다고 여기며 실행하려는 일들이 실제로 얼마나 어리석은 일인가를 예시하고 있다.

남의 집에 얹혀살면서 그 집 문지기를 꾸짖는 것이나, 도망자의 신세에서 배가 언덕에 닿기도 전에 뱃사공과 싸우는 일은 원한을 맺게 된다. 이는 매우 어리석고 위험한 짓이다.

자신의 논변만이 옳다고 주장하는 명가 학파인 혜시의 독단을 어리석은 사례로 빗대고 있다.

蹢闒造怨
척혼조원

夫楚人寄而蹢闒者; 夜半於無人之時而與舟人鬪,
부초인기이척혼자; 야반어무인지시이여주인투,

未始離於岑, 而足以造於怨也. 〈徐無鬼〉
미시리어잠, 이족이조어원야. 〈서무귀〉

84. 백짓장도 맞들어야

장석이 도끼를 휘두르다 匠石運斤

장자가 장례를 치르고 혜자惠子의 묘를 지나가다가 되돌아보며 뒤따르는 사람에게 말했다. "어떤 영郢 사람이 코끝에 백토를 파리 날개처럼 얇게 칠하고 장석匠石에게 그것을 깎아내게 했다. 장석이 바람 소리가 날 정도로 도끼를 빠르게 휘둘러 백토를 깎아냈다. 백토가 깨끗이 깎였는데 코는 다치지 않았으며, 그 영 사람은 움직이지 않고 서 있으면서 얼굴 모습 하나 변함이 없었다.

송나라 최후의 군주인 원군이 그 말을 듣고 장석을 불러 말했다. '시험 삼아 나에게 한번 해보게.' 장석이 말했다. '신은 이전에 그렇게 깎을 수 있었지만 지금은 신의 적절한 상대역이었던 사람이 죽은 지 오래되었습니다.'

이와 같이 혜자가 죽은 이후로 지금 나는 도술에 대해 더불어 이야기할 적합한 대상이 없구나."

....

춘추 전국시대 제자백가 중에서 명가를 대표하는 혜시와 도가를 대표하는 장자는 꽤 먼 세계관을 지니고 있었지만, 당대의 주요한 사상가로서 의미 있는 토론의 상대자였다. 여기서 장자는 이러한 대상을 잃은 것을 한탄하고 있다.

백아伯牙와 종자기鍾子期의 고사를 연상케 한다. 춘추시대 백아는 명연주가였다. 종자기는 그의 거문고 소리를 들으면 무엇에 관한 연주였는지를 알아차리는 전속 비평가이자 감상가 같았다. 그러나 종자기가 병으로 죽자 백아는 자기의 거문고 소리를 알아줄 사람(지음知音)이 없음을 자탄하며, 거문고 줄을 끊어버리고(백아절현伯牙絶絃) 다시는 연주를 하지 않았다.

여기에서 석수인 장석은 그의 기술이 예술적으로 승화되기 위해서는 주객의 통합이 이루어질 때 그 경지를 이룩할 수 있다고 말하는 것이다.

匠石運斤
장석운근

莊子送葬, 過惠子之墓, 顧謂從者曰: "郢人堊慢其鼻端若蠅翼,
장자송장, 과혜자지묘, 고위종자왈: "영인악만기비단약승익,

使匠石斲之. 匠石運斤成風, 聽而斲之, 盡堊而鼻不傷, 郢人立
사장인착지. 장석운근성풍, 청이착지, 진악이비불상, 영인입

不失容. 宋元君聞之, 召匠石曰: '嘗試爲寡人爲之.'
불실용. 송원군문지, 소장석왈: '상시위과인위지'

匠石曰: '臣則嘗能斲之. 雖然, 臣之質死久矣.' 自夫子之死也,
장석왈: '신즉상능착지. 수연, 신지질사구의.' 자부자지사야,

吾無以爲質矣, 吾無與言之矣." 〈徐無鬼〉
오무이위질의, 오무여언지의." 〈서무귀〉

85. 오만의 최후

오나라 왕 앞에서 원숭이가 기교를 뽐내다 吳狙現巧

오나라 왕이 강에서 배를 타고 유람하다가 원숭이들이 살고 있는 산에 올라갔다. 원숭이들이 오나라 왕을 보고 깜짝 놀라서 본래 살던 곳을 버리고 떠나 깊은 개암나무 숲으로 도피했다.

거기에 어떤 원숭이 한 마리가 있었는데 도망치지 않고 물건을 잡아 쥐거나 몸을 긁으면서 오나라 왕에게 기교를 뽐냈다. 오나라 왕이 활을 쏘았더니 원숭이가 재빠르게 화살을 잡았다. 왕이 신하들에게 활을 집중적으로 빨리 쏘도록 명령하였다. 원숭이는 화살을 잡은 채로 죽었다.

오나라 왕이 친구 안불의顔不疑를 돌아보며 말했다. "이 원숭이는 자기의 기교를 뽐내고 자기의 민첩함을 믿고 나를 얕잡아보다가 이런 죽음에 이르게 되었다네. 이것으로 경계를 삼아야 하네."

....

원숭이가 허망하게 죽게 된 것은 왕 앞에서 자신의 재능을 과신하여 기교를 뽐냈기 때문이다. 여기서 장자는 원숭이의 사례를 빌어 겸손을 모르는 오만한 태도는 당시의 전국시대와 같이 험난한 시대에서 일신의 안전을 보장할 수 없다는 이치를 설명한다.

능력을 과신하다가 권력자 앞에서 죽은 원숭이의 비극을 교훈으로 들려준 내용이다. 오나라 왕이 이 때 자기 곁에 있던 친구 안불의에게 원숭이처럼 되지 말라는 충고를 했다. 안불의는 그 뒤 3년 동안 교만함을 버리고 욕망을 절제하여 온 나라 사람들의 칭송을 받았다고 한다.

吳狙現巧
오저현교

吳王浮於江, 登乎狙之山, 衆狙見之, 恂然棄而走, 逃於深蓁.
오왕부어강, 등호저지산, 중저견지, 순연기이주, 도어심진.

有一狙焉, 委蛇攫搔, 見巧乎王. 王射之, 敏給搏捷矢.
유일저언, 위사확소, 현교호왕. 왕사지, 민급박첩시.

王命相者趨射之, 狙執死. 王顧謂其友顏不疑曰: "之狙也, 伐其巧,
왕명상자추사지, 저집사. 왕고위기우안불의왈: "지저야, 벌기교,

恃其便以敖予, 以至此殛也! 戒之哉!"〈徐無鬼〉
시기변이오여, 이지차극야! 계지재!"〈서무귀〉

86. 지금은 따뜻하지만

눈앞의 안일함에 빠진 돼지의 이 豕蝨苟安

눈앞의 안일만 탐내며 되는대로 살아가는 사람은 돼지에 기생하는 이(슬蝨)와 같다. 돼지의 긴 털이 드문드문한 곳을 자기의 넓고 큰 궁전 공원으로 여기고, 사타구니 사이나 발굽이 굽은 곳처럼 깊고 구석진 곳과 젖통 사이나 허벅지 사이를 편안하고 편리한 거처로 여긴다. 어느 날 돼지를 잡는 사람이 팔을 휘둘러 돼지를 잡으면서 풀을 깔고 횃불을 쥐면 자신과 돼지가 모두 불에 태워지리란 것은 모른다.

....

장자는 이 이야기 전후로 세 부류의 잘못된 삶을 지적하고 있다.

첫째, 누군가로부터 배워서 그것이 전부인 것으로 여겨 근원을 알지 못하고 그 한계에 자만하는 난주暖姝 유형이 있다.

둘째, 여기에 나오는 돼지 몸에 서식하는 이[蝨] 처럼 우선 당장 안일하게 의지할 작은 공간에만 머물러 밖에서 닥쳐올 생명의 위험조차도 내다보지 못하는 유수濡需 유형이 있다.

셋째, 명예나 인기 등과 같은 외물에 사로잡혀 부질없이 허리가 휘고 등이 굽을 만큼 자신을 피곤하게 만드는 권루卷婁 유형이 있다.

이 세 부류 즉 남의 학설에 억제된 훤주, 일시적 안락에 만족하는 유수, 지위에 살잡힌 권루 등은 모두 외물 때문에 본성을 잃고 참된 도를 상실한 모습들이다.

위의 이야기는 눈앞의 안일에만 만족하는 사람의 어리석음을 경계하고 있다.

눈앞의 안일만을 꾀하는 상징인 유수라는 돼지 이는 돼지의 몸이라는 편안함에 파묻혀 죽게 되는 것이다.

豕蝨苟安
시슬구안

濡需者, 豕蝨是也, 擇疏鬣自以爲廣宮大囿, 奎蹄曲隈, 乳間股脚,
유수자, 시슬시야, 택소렵자이위광궁대유, 규제곡외, 유간고각,

此以爲安室利處, 不知屠者之一旦鼓臂·布草·操煙火, 而己與
차이위안실리처, 부지도자지일단고비·포초·조연화, 이기여

豕俱焦也. 〈徐無鬼〉
시구초야. 〈서무귀〉

87. 달팽이 뿔보다 작은 나라
촉과 만의 전쟁 觸蠻之戰

위魏 나라의 학자 대진인戴晉人이 말했다. "달팽이라고 불리는 놈이 있는데, 군왕께서는 그것을 아십니까?" 군왕이 말했다. "그러하다."

"달팽이의 좌측 뿔에 나라가 있으니 촉씨觸氏라 하옵고, 달팽이의 우측 뿔에 나라가 있으니 만씨蠻氏라 하옵니다. 늘 서로의 땅을 다투어 전쟁을 하였는데 땅에 엎어진 시체가 수만數萬이었고, 패배하여 도망치는 자를 15일간이나 쫓은 뒤에야 비로소 돌아옵니다."

군왕이 말했다. "아아! 아마도 거짓이겠지?"

대진인이 말했다. "신臣이 청컨대 군왕께 이러한 이치를 실증해보겠습니다. 군왕께서는 사방 상하에 끝이 있다고 여기십니까?"

군왕이 말했다. "끝이 없다."

대진인이 말했다. "끝이 없는 곳에서 마음을 노닐게 함을 알고, 다시 인적이 통하는 세상을 되돌아 살핀다면 존재하는 듯 존재하지 않은 듯하지 않겠습니까?"

군왕이 말했다. "그러하다."

대진인이 말했다. "인적이 통하는 세상 가운데 위나라가 있고, 위나라 가운데 양나라가 있으며, 양나라 가운데 군왕이 있습니다. 군왕이 만씨와 구별이 있습니까?"

군왕이 말했다. "구별이 없다."

대진인이 나가자 군왕은 무언가를 잃은 듯 멍해졌다.

....

위의 이야기는 위나라와 제나라가 더불어 서약하였는데, 제나라가 맹약을 배반하여 위나라 왕이 사람을 시켜 제나라 왕을 암살하려 하였다는 내용을 배경으로 하고 있다.

장자는 대진인의 입을 통해 무궁한 우주의 관점에서 보는 위나라와 제나라의 싸움은 달팽이 뿔 위에 붙어 있는 촉과 만의 싸움에 불과하다는 이치를 설명하고 있다.

양혜왕은 맹자의 첫머리에 나오기도 하는데, 그는 제나라 위왕의 맹약 위반을 문제 삼아 위왕을 암살시키려고 했다. 이 문제를 두고 위를 군사적으로 공격하자는 의견과 이를 반대하는 의견이 맞섰다.

여기에 대해서 현자 대진인이 양혜왕에게 달팽이 뿔을 비유로 들어 깨우친 이야기다. 마음을 높고 넓은 곳에 두고 우주의 관점에서 점점 축약시켜 내려다본다면, 군주의 위치도 영토전쟁도 끝내 달팽이 뿔 세계 정도에 지나지 않는다는 이치를 말해주고 있다.

높은 산이나 비행기에서 내려다보는 땅위의 모든 것들이 얼마나 하찮게 보이는지를 떠올리면 대진인의 비유가 와 닿을 것이다. 장자는 인간 세상사의 일들이 깊은 달관의 세계에서 보자면 참으로 하찮은 먼지와도 같다는 것이다.

만촉상쟁蠻觸相爭, 와각蝸角, 와각지쟁蝸角之爭 : 하찮은 일로 벌이는
싸움이나 작은 나라들끼리의 싸움을 뜻한다.
와각허명蝸角虛名 : 보잘것없는 헛된 명성을 뜻한다.

觸蠻之戰
촉만지전

戴晉人曰: "有所謂蝸者, 君知之乎?" 曰: "然." "有國於蝸之左
대진인왈: "유소위와자, 군지지호?" 왈: "연." "유국어와지좌

角者曰觸氏, 有國於蝸之右角者曰蠻氏, 時相與爭地而戰, 伏尸
각자왈촉씨, 유국어와지우각자왈만씨, 시상여쟁지이전, 복시

數萬, 逐北旬有五日而後反." 君曰: "噫!其虛言與?" 曰: "臣請爲
수만, 축배순유오일이후반." 군왈: "희!기허언여?" 왈: "신청위

君實之. 君以意在四方上下有窮乎?" 君曰: "無窮." 曰: "知遊心於
군실지. 군이의재사방상하유궁호?" 군왈: "무궁." 왈: "지유심

無窮, 而反在通達之國, 若存若亡乎?" 君曰: "然." 曰: "通達之中
무궁, 이반재통달지국, 약존약망호?" 군왈: "연." 왈: "통달지중

有魏, 於魏中有梁, 於梁中有王, 王與蠻氏有辯乎?" 君曰: "無辯."
유위, 어위중유량, 어량중유왕, 왕여만씨유변호?" 군왈: "무변."

客出而君惝然若有亡也. 〈則陽〉
객출이군창연약유망야. 〈칙양〉

88. 정치는 농사짓는 일
변경을 지키는 벼슬아치가 정치를 말하다 封人言政

장오長梧의 변경을 지키는 벼슬아치가 자뢰子牢에게 말했다.

"당신은 국정을 다스릴 때 대충해서는 안 되고, 백성을 관리할 때 건성해서는 안 됩니다.

예전에 제가 벼를 경작한 적이 있는데 엉성하게 땅을 갈았더니 그 낟알 역시 엉성하게 달려 저에게 되갚았습니다. 듬성하게 김을 맸더니 그 낟알 역시 듬성하게 달려 저에게 되갚았습니다. 저는 다음 해에 손질하는 방법을 바꾸어 깊게 땅을 깊게 갈고 김을 정성껏 맸습니다. 그러자 그 벼가 무성하고 낟알도 알차게 맺혀서 저는 그 해가 끝날 때까지 물리도록 먹었습니다."

....

국경 관리는 통치자의 정치와 농민의 농사가 서로 그 이치가 다르지 않음을 역설하였다. 대충 경작하면 낟알이 듬성듬성 달리는 것처럼 소홀하게 정치를 한다면 백성들 역시 그에 따라 소홀하게 되돌려 준다고 하였다.

장자는 몸과 마음을 수양하는 방법도 이와 마찬가지라고 하였다. 타고난 참된 성품을 대충 거칠게 가꾸면 잡초가 처음 자라 나중에 작물을 해치게 되고, 손가락의 작은 병도 건성으로 다루면 큰 병으로 옮겨 가는 것과 같다.

노망멸렬鹵莽滅裂: 일을 꼼꼼하게 하지 못하고 경솔하고 소홀하게 하는 것을 뜻한다.

封人言政 봉인언정

長梧封人問子牢曰: "君爲政焉勿鹵莽, 治民焉勿滅裂. 昔予爲禾,
장오봉인문자뢰왈: "군위정언물로망, 치민언물멸렬. 석여위화,

耕而鹵莽之, 則其實亦鹵莽而報予. 芸而滅裂之, 其實亦滅裂而
경이로망지, 즉기실역로망이보여. 운이멸렬지, 기실역멸렬이

報予. 予來年變齊, 深其耕而熟耰之, 其禾繁以滋, 予終年厭飱."
보여. 여래년변제, 심기경이숙우지, 기화번이자, 여종년염손."

〈外物〉
〈외물〉

89. 먼 물은 가까운 불을 끄지 못한다
장주가 돈을 빌리다 莊周貸粟

장주莊周가 집이 가난하여 위나라 제후 문후文侯게 양식을 빌리러 갔다.

이에 문후가 말했다. "좋습니다. 내가 관할 구역에서 세금을 거두게 된다면 당신에게 삼백금을 빌려주겠습니다. 괜찮습니까?"

장주가 발끈하여 낯색을 바꾸고 말했다. "어제 오는 길에 저에게 도움을 청하는 소리가 있었습니다. 뒤돌아보았더니 수레바퀴 자국의 고인 물속에 붕어가 있더군요. 제가 붕어에게 물었습니다. '붕어야! 왜 그러느냐?' 붕어가 대답했습니다. '저는 동해 물의 신하입니다. 당신께서 한 말 한 되의 물을 가져와 저를 살릴 수 있으신지요?'

제가 말했습니다. '좋다. 내가 장차 남쪽의 오吳 나라 월越 나라 왕에게 유세하러 가려고 하는데, 거기에 있는 서강西江의 물을 터서 그대를 맞이하겠다. 괜찮겠는가?'

붕어가 발끈하여 낯색을 바꾸고 말했습니다. '저는 항상 저와 더불어 있어야만 하는 물을 잃어 제가 머무를 곳이 없습니다. 저로서는 단지 한 말 한 되쯤의 물만 얻을 수 있다면 살 수 있습니다. 당신이 이렇게 말씀하실 바에는 차라리 건어물 가게에서 저를 찾는 게 빠를 것입니다.'"

....

　장자의 직접 체험에서 우러나온 것을 우언화 했다. 이 세상은 자신의
절박한 상황을 외적인 일들이 해결해주지 않는 법이다.
　장자와 붕어는 소량의 식량이나 물만으로도 살아날 수 있다. 아무리
많은 양이라도 때에 맞춰 지원될 수 없다면 쓸모없는 것이다. 먼 물은
가까운 불을 끄지 못한다. 서강의 물은 촉급한 상황에 도움이 되지 않아
서 기만적이다. 이에 살아있는 붕어가 건어물이 될 것이라고 언급하여
기만하는 자들을 풍자하고 있다.
　이는 외물에 도움을 기대는 위험성, 시중時中의 중요성, 칼자루를 쥔
기득권자가 시급한 약자의 처지를 우롱하는 교활함 등이 이 우언에 다
의적으로 내포되어 있다. 절박한 생사가 달린 이 참담함은 장자가 살아
가던 당시 전국 시대의 대다수 백성들이 겪는 전형적인 사례를 우언으
로 빗댄 것이다.

이 우언에서 유래된 고사성어

학철지부涸轍之鮒, 학철어涸轍魚, 파신수철波臣守轍, 학철涸轍 : 매우 위
급한 상황에 처했음을 뜻한다.
감하대속監河貸粟, 승두수升斗水, 두수斗水 : 현실적인 도움을 받길 원
하는 것을 의미한다.
서강西江 : 현실과 동떨어진 대응을 뜻한다.
고어지사枯魚之肆 : 실질적인 도움을 얻지 못해 고난에 처하는 것을 의
미한다.

234

莊周貸粟
장주대속

莊周家貧, 故往貸粟於監河侯. 監河侯曰: "諾, 我將得邑金,
장주가빈, 고왕대속어감하후. 감하후왈: "낙, 아장득읍금,

將貸子三百金, 可乎?" 莊周忿然作色曰: "周昨來, 有中道而呼者.
장대자삼백금, 가호?" 장주분연작색왈: "주작래, 유중도이호자.

周顧視車轍中, 有鮒魚焉. 周問之曰: '鮒魚來! 子 何爲者邪?'
주고시거철중, 유부어언. 주문지왈: '부어래! 자 하위자야?'

對曰: '我, 東海之波臣也. 君豈有斗升之水而活我哉?'
대왈: '아, 동해지파신야. 군기유두승지수이활아재?'

周曰: '諾, 我且南遊吳越之土, 激西江之水而迎子, 可乎?'
주왈: '낙, 아차남유오월지토, 격서강지수이영자, 가호?'

鮒魚忿然作色曰: '吾失我常與, 我無所處.
부어분연작색왈: '오실아상여, 아무소처.

吾得斗升之水然活耳, 君乃言此, 曾不如早索我於枯魚之肆!' 〈外物〉
오득두승지수연활이, 군내언차, 증불여조색아어고어지사!' 〈외물〉

90. 소 50마리 미끼
임 나라의 공자가 낚시를 하다 任公垂釣

임나라의 공자孔子가 커다란 검은 낚싯줄을 만들고 거세한 소 50마리를 미끼로 꿰어 회계산 위에 쭈그리고 앉아 낚싯대를 동해에 던져놓고 매일매일 낚시를 하였다. 그러나 일 년 내내 낚지 못하였다. 일 년이 지나고 오래지 않아 큰 고기가 미끼를 삼키며 거대한 낚시를 끌고 물 아래로 헤엄쳐갔다. 조금 뒤 재빠르게 몸을 세우고 있는 힘을 다해 등지느러미를 요동쳤다. 그러자 흰 파도가 산과 같고 바닷물이 진동하여 귀신이 울부짖는 것 같아 천리 안에 있는 사람들을 몹시 놀라게 하였다.

임나라 공자가 이 물고기를 낚아 절개하여 그늘진 곳에서 고기를 말려 만드니 절강의 동쪽부터 창오산 북쪽까지 이 고기를 배불리 먹지 않은 사람이 없었다.

후세에 재주와 식견이 얕고 좁으며 근거 없는 풍문을 들은 무리가 모두 놀라며 이상하게 여겨 서로 이 이야기를 전하곤 했다. 무릇 어떤 사람이 작은 장대에 가는 줄을 매달아 들고 작은 연못으로 급히 달려가서 작은 물고기를 기다린다면 이렇게 큰 고기를 잡기 어려울 것이다.

잔달은 언설이나 명리에 구애되어서는 그것을 뛰어넘는 큰 세계를 누릴 수 없다. 큰일을 하기 위해서는 착상과 도구, 그리고 시간이 필요하다. 그리고 고상하고 높은 풍격을 파악하지 못하면 거기에 걸맞는 경륜을 논할 수 없는 법이다. 도랑에서 붕어를 잡는 소견으로는 동해에서 우주를 낚는 대인을 따라 갈 수 없다.

任公垂釣
임공수조

任公子爲大鉤巨緇, 五十犗以爲餌, 蹲乎會稽, 投竿東海, 旦旦
임공자위대구거치, 오십개이위이, 준호회계, 투간동해, 단단

而釣, 期年不得魚, 已而 大魚食之, 牽巨鉤, 餡沒而下, 驚揚而
이조, 기년부득어, 이이대어식지, 견거구, 함몰이하, 무양이

奮鬐, 白波若山, 海水震蕩, 聲侔鬼神, 憚赫千里. 任公子得若魚,
분기, 백파약산, 해수진탕, 성모귀신, 탄혁천리. 임공자득약어,

離而腊之, 自制河以東, 蒼梧巳北, 莫不厭若魚者. 已而後世輇才
이이석지, 자제하이동, 창오이북, 막불염약어자. 이이후세전재

諷說之徒, 皆驚而相告也. 夫揭竿累, 趨灌瀆, 守鯢鮒, 其於得大
풍설지도, 개경이상고야. 부게간루, 추관독, 수예부, 기어득대

魚難矣. 〈外物〉
어난의. 〈외물〉

91. 카멜레온 선비

두 유학자가 무덤을 파헤치다 二儒發冢

    지식인이라는 유학자들이 《시경》이나 《예기》 같은 경전을 구실삼아 남의 무덤을 파헤치고 있었다. 학문이 뛰어난 대유학자가 공부한 지 얼마 되지 않은 소유학자에게 지시를 내렸다. "동녘이 밝아 오려는데 일은 어떻게 되어 가는가?"

    소유학자가 말했다. "아직 시체의 치마저고리를 벗기지 못했는데, 입안에는 구슬도 있습니다."

    대유학자가 말했다. "《시경》에는 본래 이런 구절이 있다. '푸릇푸릇한 보리, 작은 언덕에서 자라나네. 생전에 은덕 베풀지 아니하고도, 죽어서 어이 구슬 머금고 있는가!'

    이에 소유학자는 시체의 귀밑에 난 털을 잡고 아래턱 위의 수염을 누르며 쇠망치로 그의 턱을 치면서 뺨을 천천히 억지로 비틀어 열었다. 입안의 구슬을 흠집 하나 내지 않고 꺼냈다!"

....

    지식인의 가장 큰 과오는 위선에 있다. 전문적 지식을 바탕으로 사회적인 지위를 누리면서 남과 사회를 비판한다. 그러나 자신의 잘못에 대해서는 평소 다져진 논리로 그럴듯하게 자기 합리화로 포장하는 데 능란하다. 실천을 하지 않으면서 명분을 내세우는 것은 가식이고, 표방과

행위가 상치되는 것은 위선이다. 과거 사회의 지식인은 대부분 유학자나 관료들이었다. 제후는 인의를 빙자하여 나라를 찬탈하고, 유학자 사대부는 성인 말씀을 입에 담으면서 무덤을 도굴하는 것처럼 앞 뒤가 다른 경우가 비일비재했다. 여기서 장자는 유가의 형식주의적 명분론을 희화로 그리고 있다.

二儒發冢
이유발총

儒以詩禮發冢, 大儒臚傳曰: "東方作矣! 事之何若?"
유이시례발총, 대유여전왈: "동방작의! 사지하약?"

小儒曰: "未解裙襦, 口中有珠". 《詩》
소유왈: "미해군유, 구중유주. 《시》

固有之曰: '青青之麥, 生於陵陂, 生不布施, 死何含珠爲!'
고유지왈: '청청지맥, 생어릉피, 생불보시, 사하함주위!'

接其鬢, 壓其顪, 而以金椎控其頤, 徐別其頰, 無傷口中珠! 〈外物〉
접기빈, 엽기훼, 이이금추공기이, 서별기협, 무상구중주! 〈외물〉

92. 그물에 걸린 신귀
거북이가 계산을 잘못하다 神龜失算

송나라 원군元君이 한밤중에 꿈을 꾸었다. 어떤 사람이 머리를 풀어헤치고 쪽문에서 훔쳐보면서 말했다. "저는 재로宰路라고 하는 연못에서 왔습니다. 저는 청강淸江의 사자로서 황하신黃河神 하백河伯이 있는 곳으로 가다가 어부 여저余且에게 붙잡혔습니다."

원군이 잠에서 깨어나 사람을 시켜 이 꿈을 점치도록 하니 점치는 사람이 말했다. "이것은 신령스런 거북입니다."

원군이 말했다. "어부 가운데 여저라는 자가 있는가?"

측근들이 말했다. "있습니다."

원군이 말했다. "여저를 조정으로 불러들이라."

다음 날 여저가 조정에 나오자, 원군이 말했다. "무슨 물고기를 잡았는가?"

여저가 대답했다. "제 그물에 흰 거북이가 잡혔는데, 그것의 둘레가 5척이나 됩니다."

원군이 말했다. "너의 거북이를 바쳐라."

여져가 거북이를 보내자 원군은 여러 번 거북이를 죽일지 살릴지 고민하다가 생각을 정하지 못하여 다시 점을 치게했다. 점치는 사람이 말했다. "거북이를 죽여서 그 등껍질로 점을 치면 길할 것입니다." 그리하여 거북이의 배를 가르고 내장을 도려낸 다음 일흔 두번이나 거북이의 등위에 구멍을 뚫어 점을 쳤는데, 한 번도 들어맞지 않은 적이 없었다.

이 사실을 두고 공자가 말했다. "그 신령스러운 거북이는 원군의 꿈에 나타날 수는 있었지만, 여저의 그물을 피할 수는 없었다. 거북이의 지혜는 일흔 두 번이나 구멍을 뚫어 점을 쳐도 틀린 적이 없었지만, 배를 가르고 내장을 도려내는 재난을 피할 수는 없었다. 이처럼 지혜도 곤궁할 때가 있으며, 신령스러움도 예상에 미치지 못하는 곳이 있는 것이다. 설사 최고의 지혜를 가지고 있을지라도 여러 사람이 꾀를 내는 것을 당해낼 수는 없다."

....

거북이가 죽게 된 것은 결코 그가 지혜가 모자라거나 신령스럽지 않아서가 아니라, 혼자서 여러 사람의 지혜를 당해내지 못했기 때문이다. 여기서 장자는 거북이의 사례를 빌어 작은 지혜를 버려야만 큰 지혜가 밝아진다는 이치를 설명한다.

물고기가 사다새를 무서워해도 그물을 무서워하지 않는다. 그러나 물고기는 그물에 걸린다. 그물은 아무런 감정이 없이 그냥 물고기를 걸리게 한다. 선하다는 것도 의도적으로 선해야겠다는 생각을 접고, 작은 계산으로 추구하지 않아야 자연스럽게 선해진다. 지혜로웠다는 거북이조차도 그물에 걸리고 내장이 꺼내졌다. 갓난아이가 말을 배우는 것은 언어 스승이 의도적으로 말을 가르친 것이 아니라 주위의 말하는 사람들 사이에서 자라며 자연스럽게 배워졌기 때문이다.

이렇듯이 한계가 있는 지혜, 선함, 습득 모두가 의식되지 않는 자연스러움에서 꽃을 피울 수가 있다.

神龜失算
신귀실산

宋元君夜半而夢人被髮窺阿門, 曰: "予自宰路之淵, 予爲淸江使
송원군야반이몽인피발규아문, 왈: "여자재로지연, 여위청강사

河伯之所, 漁者餘且得予." 元君覺, 使人占之, 曰: "此神龜也."
하백지소, 어자여저득여." 원군각, 사인점지, 왈: "차신귀야."

君曰: "漁者有餘且乎?" 左右曰: "有." 君曰: "令餘且會朝."
군왈: "어자유여차호?" 좌우왈: "유." 군왈: "령여저회조."

明日, 餘且朝. 君曰: "漁何得?" 對曰: "且之網得白龜焉, 箕圓五尺."
명일, 여차조. 군왈: "어하득?" 대왈: "차지망득백귀언, 기원오척."

君曰: "獻若之龜." 龜至, 君再欲殺之, 再欲活之. 心疑, 蔔之.
군왈: "헌약지귀." 귀지, 군재욕살지, 재욕활지. 심의, 복지.

曰: "殺龜以蔔吉." 乃刳龜, 七十二鑽而無遺生筴. 仲尼曰: "神龜
왈: "살귀이복길." 내고귀, 칠십이찬이무유생협. 중니왈: "신귀

能見夢於元君, 而不能避餘且之網; 知能七十二鑽而無遺筴, 不能
능현몽어원군, 이불능피여차지망; 지능칠십이찬이무유책, 불능

避刳腸之患. 如是則知有所困, 神有所不及也. 雖有至知, 萬人
피고장지환. 여시즉지유소곤, 신유소불급야. 수유지지, 만인

謀之." 〈外物〉
모지." 〈외물〉

93. 발밑은 천 길 낭떠러지
쓸모 없음의 쓸모 無用之用

혜자惠子가 장자에게 말했다. "자네의 말은 쓸모가 없네."

장자가 말했다. "쓸모 없음을 이해한 이후에야 비로소 쓸모가 있음에 대해 말할 수 있다네. 땅은 넓지 않고 크지 않은 것이 아니지만 사람이 점유해서 사용하는 것은 발을 받아들이는 좁은 땅일 뿐이네. 그렇다고 발붙이고 난 그 나머지 땅 아래를 파서 지하 깊은 곳까지 이르게 한다면, 사람이 발붙이고 있는 땅이 아직도 쓸모가 있겠는가?"

혜자가 말했다. "쓸모없네."

장자가 말했다. "그렇다면 쓸모없는 것이 쓸모가 있다는 것 역시 분명하다네."

....

보이는 현실 세계에 중점을 두는 혜시의 관점에 대해서 장자는 그 이면의 보이지 않는 세계를 주목하라는 충고를 던지고 있다. 따라서 유용과 무용의 판단 기준은 보는 시각에 따라 다를 수 있다는 이치를 설명하였다.

장자와 혜시는 몇 차례 유용과 무용에 관한 논쟁을 벌였다. 여기서는 유용이란 무용을 빌려야 효용이 생긴다는 것이다. 무용이 제거되면 이

에 맞닿아 있는 유용도 무용지물이 된다. 노자에서도 그릇이란 보이는
재질이 아니라 그 속에 텅 빈 공간 때문에 쓸모 있다는 내재적 가치를
강조했는데 이와 유사한 논조가 보인다.

無用之用
무용지용

惠子謂莊子曰: "子言無用." 莊子曰: "知無用而始可與言用矣.
혜자위장자왈: "자언무용." 장자왈: "지무용이시가여언용의.

夫地非不廣且大也, 人之所用容足耳, 然則廁足而墊之致黃泉,
부지비불광차대야, 인지소용용족이, 연즉측족이점지치황천,

人尙有用乎?" 惠子曰: "無用." 莊子曰: "然則無用之爲用也亦明矣."
인상유용호?" 혜자왈: "무용." 장자왈: "연즉무용지위용야역명의."

〈外物〉
〈외물〉

94. 억지 춘향이
상례로 용모가 수척해진 사람 毁容之人

송宋 나라 도성인 연문演門에 부모를 잃은 사람이 있었다. 효심이 지극하여 너무나 슬퍼한 나머지 용모가 매우 수척했다. 이러한 성품으로 관직에 봉해져 관사官師(경 벼슬, 기관의 장)가 되었다. 그러자 그 마을 사람 중에 상을 치르다 용모가 수척해져 죽은 사람이 절반이나 되었다.

....

자연스러운 본성의 결과로 얻어지는 것이 아니라 결과를 취득하기 위한 수단으로 본성을 억지로 꾸민다면 마을 사람들과 같은 말로를 면할 수 없다. 모두가 벼슬을 구하기 위해 죽은 사람들이다. 반면에 벼슬을 피하고 청렴을 구하기 위해 죽은 신도적申徒狄 같은 사람도 있다.

본성의 자연스러운 발로를 막고 억지로 명성을 추구한다면 큰 탈이 날 것이다.

장자는 덕을 잃는 것은 명예 때문이고, 명예를 잃는 것은 밖으로 드러내려 하기 때문이라고 했다. 유유자적하며 마음을 비워둬야 한다. 방안에 공간이 없으면 시어머니와 며느리가 장소를 다투듯이 마음속에 공간이 없으면 도가 노닐 곳이 없다.

세상사를 잊고 유유자적하는 자에게는 두 가지 일 모두 관심 밖의 일이다. 그래서 지인은 세상의 사람들과 같이 지내도 편벽되거나 자신

을 잃지 않으면서도 자취를 남기지 않는다. 어느 곳에서라도 유유자적
하면 만사형통이므로 지인至人은 굳이 세속을 떠나는 행동에 관심이
없다. 좋아하는 일에 빠져 본성으로 돌아오지 못하고 외물에 사로잡혀
자신을 돌보지 못한다면 군신 같은 귀천의 처지조차도 세상이 바뀌면
그 위치도 한시적일 수밖에 없게 된다.

毀容之人
훼용지인

演門有親死者, 以善毀爵為官師, 其黨人毀而死者半. 〈外物〉
연문유친사자, 이선훼작위관사, 기당인훼이사자반. 〈외물〉

95. 타고 온 배를 버려라
물고기를 잡으면 통발을 잊는다 得魚忘筌

통발은 물고기를 잡는 데 사용되는 도구로서, 물고기를 잡고 나면 통발을 잊게 된다. 토끼 올무는 토끼를 잡는 데 사용되는 도구로서, 토끼를 잡고 나면 올무를 잊고 만다. 마찬가지로 말은 뜻을 전달하는 데 사용되는 도구로서, 뜻을 전달했으면 말은 잊는다. 나는 어디에서 말을 잊은 사람을 찾아 그와 더불어 말을 한번 해볼 수 있을까!

....

목적을 이루고 나서도 수단에 집착을 해서는 안 된다. 본질에 입각하고 허상에 매달려서는 안 된다. 불교에서 피안의 세계로 건너갔는데도 타고 온 배를 짊어지고 가는 어리석은 집착에 매달려서는 안된다고 했다. 의미가 상통한다. 도道의 이치는 말로써 얻을 수 있는 것이 아니라 마음과 정신으로써 깨달을 수 있다.

得魚忘筌
득 어 망 전

筌者所以在魚, 得魚而忘筌. 蹄者所以在兎, 得兎而忘蹄.
전자소이재어, 득어이망전. 제자소이재토, 득토이망제.

言者所以在意, 得意而忘言. 吾安得夫忘言之人, 而與之言哉!
언자소이재의, 득의이망언. 오안득부망언지인, 이여지언재!

〈外物〉
〈외물〉

96. 부족한 듯 더러운 듯
양주가 도를 배우다 陽朱學道

양자거子陽居(양주陽朱인데 자거는 자)가 남쪽의 패沛 땅으로 노담老聃(노자. 담은 이름)을 만나러 갔다. 그때 노자는 서쪽의 진秦나라에서 여행하고 있었다. 양주는 패의 교외까지 노자를 마중 나갔지만, 결국 양梁 땅으로 가서야 그를 만나게 되었다.

노자는 도중에서 하늘을 우러러보고 탄식하며 말하였다. "처음에는 너를 가르칠 만하다고 여겼는데, 지금은 안 되겠다."

양주는 대답을 하지 않고 있었다. 이윽고 여관에 이르자 양주는 세숫물과 양칫물, 수건과 빗을 준비하여 노자에게 올렸다. 그리고 신을 벗어서 문밖에 두고는 무릎을 꿇고 기어가서 말했다. "아까 저는 선생님께 여쭤보고 싶었으나, 선생님께서 서둘러 가셔서 겨를이 없었기에 감히 여쭙지 못했습니다. 지금은 한가하니 그 꾸중 하신 이유를 여쭙나이다."

노자가 말했다. "네가 눈을 부릅뜨고 남을 깔보는데 누가 너와 함께 하겠는가? 가장 결백한 사람은 마치 더러운 것 같고, 고상한 덕행이 있는 사람은 마치 부족한 것 같다."

양자거는 부끄럽고 불안하여 안색이 변하며 말했다. "삼가 선생님의 가르침을 듣겠습니다."

처음에 양자거가 여관에 왔을 때에는 여관의 손님들이 그를 맞이하고 배웅할 정도였고, 그가 머무를 때에는, 여관의 남자 주인이 직접 자리 깔개를 가져다주며, 주인의 아내가 수건과 빗까지 가져다주었다. 숙박객들은 자리를 피했고, 불을 쬐던 사람은 부엌에서 달아났다.

그런데 이제 양자거가 돌아갈 즈음에는 여관 손님들이 그와 같이 앉겠다고 자리를 다툴 정도가 되었다.

....

이 이야기의 내용은 《열자 황제》 편에도 실려있으며, 《도덕경》 41장의 일부 대목을 인용하기도 하였다. 높은 덕을 지닌 성인은 낮게 처신한다는 이른바 대립면의 공존을 보여주고 있다. 실체가 현상에 덮여지는 착시 현상을 지적한 것이다. 여기서는 교만과 겸손의 두 처신이 가져오는 결과의 차이를 여관에 투숙하는 양자거를 통해 비유하였다. 거만한 생각과 방자한 태도를 버려야 참된 경지를 이룰 수 있음을 설명한 것이다.

이 우언에서 유래된 고사성어

슬행이전膝行而前, 슬행이진膝行而進, 슬행膝行 : 무릎을 꿇고 이유를 묻는다는 것인데, 겸손하게 선생님께 가르침을 청한다는 뜻이다.

陽朱學道
양주학도

陽子居南之沛, 老聃西遊於秦, 邀於郊, 至於梁而遇於老子.
양 자 거 남 지 패, 노 담 서 유 어 진, 요 어 교, 지 어 양 이 우 어 노 자.

老子中道仰天而歎曰: "始以汝爲可敎, 今不可也." 陽子居不答.
노자중도앙천이탄왈: "시이여위가교, 금불가야." 양자거부답.

至舍, 進盥漱巾櫛, 脫屨戶外, 膝行而前曰: "向者弟子欲請夫子,
지사, 진관수건즐, 탈구호외, 슬행이전왈: "향자제자욕청부자,

夫子行不閒, 是以不敢. 今閒矣, 請問其故." 老子曰: "而睢睢盱盱,
부자행불한, 시이불감. 금한의, 청문기고." 노자왈: "이휴휴우우,

而誰與居? 大白若辱, 盛德若不足." 陽子居蹴然變容曰: "敬聞命矣!"
이수여거? 대백약욕, 성덕약부족." 양자거축연변용왈: "경문명의!"

其往也, 舍者迎將, 其家公執席, 妻執巾櫛, 舍者避席, 煬者避竈.
기왕야, 사자영장, 기가공집석, 처집건즐, 사자피석, 양자피조.

其反也, 舍者與之爭席矣. 〈寓言〉
기반야, 사자여지쟁석의. 〈우언〉

97. 생명과 명예
수후의 구슬로 참새를 쏘다 隨珠彈雀

오날 세속의 군자는 대부분 자신의 몸을 다치게 하고 생명을 버리면서까지 명리와 물욕을 추구하니 어찌 슬프지 않겠는가!

가령 지금 어떤 사람이 있는데 수隨나라 왕이 상처 입은 뱀을 도와주고 그 보답으로 받은 귀한 수후隨侯의 구슬을 가지고 천 길 높이 나는 참새를 잡으러 쏘았다면, 세상 사람들은 반드시 그를 비웃을 것이다.

왜 그러한가? 사용한 것은 귀중하고, 얻으려는 것은 경미하기 때문이다.

무릇 생명이라는 것이 어찌 다만 수후 구슬의 귀중함 정도뿐이겠는가!

....

생명은 물론이고 나의 신체 일부분조차도 천자의 자리보다 중요하다는 논지를 이어가고 있다. 세상의 사람들은 본질에서 벗어난 물욕을 충족하기 위하여 자신의 본질인 생명을 버렸다. 이에 생명을 귀한 수주의 구슬에 비유하고, 작은 참새를 명리와 물욕에 비유하여 그들을 비판하였다.

세상의 군자라고 자칭하는 사람들 가운데는 노 나라 현자 안합顔闔과 같이 가난하면서도 벼슬의 부귀영화를 거절하는 사람이 있는가 하면, 그와 반대로 소중한 생명의 보배를 부귀와 명리에 허비하는 부류가 있다. 노자도 생명과 명예 어느 것이 더 소중한 것인가를 묻고 있다.

隨珠彈雀
수주탄작

今世俗之君子, 多危身棄生以殉物, 豈不悲哉!
금세속지군자, 다위신기생이순물, 기불비재!

今且有人於此, 以隨侯之珠彈千仞之雀, 世必笑之.
금차유인어차, 이수후지주탄천인지작, 세필소지.

是何也? 則其所用者重而所要者輕也.
시하야? 즉기소용자중이소요자경야.

夫生者, 豈特隨侯之重哉! 〈讓王〉
부생자, 기특수후지중재! 〈양왕〉

98. 골라서 받기
열자가 곡식을 사양하다 列子辭粟

열자가 가난하여 얼굴에 굶주린 기색이 역력했다. 어떤 나그네
가 정鄭 나라 재상 자양子陽에게 이 일을 전하여 말했다. "열자는
덕행이 있고 재능이 있는 사람인데, 당신의 나라에 살면서 가난합
니다. 당신은 열자를 좋아하지 않는 것은 아니겠지요?"

이에 정나라 재상 자양은 곡식을 관리하는 관원을 시켜 열자에
게 식량을 조금 보냈다. 열자가 사신으로 나온 관리를 만나 두
번 절하고 그 곡식을 사절하였다. 관리가 떠나고 열자가 집안으로
들어왔다.

열자의 아내가 그를 원망하고 가슴을 손으로 치며 말했다. "제
가 들으니 도를 지닌 사람의 처와 자녀가 되면 모두 안락하다고
합니다. 지금 굶주린 낯빛이 있어서 나라의 재상이 관리를 보내
위문하고 당신에게 양식을 주었는데, 당신이 받지 않으니 어찌
목숨조차 돌보지 않는 것입니까!"

열자가 웃으며 말했다. "나라의 재상이 스스로 나라는 사람을
덕행과 재능이 있다고 알았던 게 아닙니다. 다른 사람의 말을 듣
고서 나에게 양식을 주었습니다. 그렇기에 그가 나에게 죄를 주려
고 할 때가 되면 또한 남의 말에 기대어서 그리할 것입니다. 이것

이 내가 받지 않은 까닭이오."

나중에 과연 백성들이 반란을 일으켜 자양을 죽여 버렸다.

....

이 글에서 정나라 재상 자양이 가난한 열자에게 곡식을 보냈지만 그 것을 사절한 예를 들어, 아무리 어려운 상황에 있다하여도 분별력 있는 선택을 해야 한다고 했다.

남의 말에 좌지우지되어 선택을 하는 것은 외물에 의해 흔들린 것이 다. 열자는 이러한 분별없는 사람으로부터 명분 없이 도움 받는 것을 거절하였다. 자양은 평소 부하에게 너무 가혹하게 굴었고 실수를 용서 하지 않았다. 훗날 부하가 사소한 잘못을 저질렀지만 큰 죄를 받을까 걱정되어 광견을 풀어놓아 자양을 물어 죽이게 하였다고 한다. 이는 《열자 · 설부列子 · 說符》에도 거의 같은 내용이 들어 있다.

列子辭粟
열자사속

子列子窮, 容貌有飢色. 客有言之於鄭子陽者曰: "列禦寇, 蓋有
자열자궁, 용모유기색. 객유언지어정자양자왈: "열어구, 개유

道之士也, 居君之國而窮, 君無乃爲不好士乎?" 鄭子陽卽令官
도지사야, 거군지국이궁, 군무내위불호사호?" 정자양즉영관

遺之粟. 子列子見使者, 再拜而辭. 使者去, 子列子入, 其妻望之
유지속. 자열자견사자, 재배이사. 사자거, 자열자입, 기처망지

而拊心曰: "妾聞爲有道者之妻子, 皆得佚樂, 今有飢色. 君過而
이부심왈: "첩문위유도자지처자, 개득일락, 금유기색. 군과이

遺先生食, 先生不受, 豈不命邪! 子列子笑謂之曰: "君非自知我也.
유선생식, 선생불수, 기불명야! 자열자소위지왈: "군비자지아야.

以人之言而遺我粟, 至其罪我也又且以人之言, 此吾所以不受也."
이인지언이유아속, 지기죄아야우차이인지언, 차오소이불수야."

其卒, 民果作難而殺子陽. 〈讓王〉
기졸, 민과작난이살자양. 〈양왕〉

99. 장관보다는 백정을
도양열이 상을 사절하다 屠羊說辭賞

　초楚나라 소왕昭王이 국토를 잃고 도망갈 때 양을 잡는 백정 도양열屠羊說이 소왕을 따라서 함께 갔다. 그 뒤 소왕이 나라에 돌아오게 되자 자기를 따라서 함께 도망간 사람들에게 상을 줄 때 도양열도 상을 받게 되었다.

　도양열이 말했다. "왕이 나라를 잃으시고 저 또한 양을 잡는 일을 잊어버렸습니다. 왕이 나라에 돌아오시자 저 또한 양을 잡게 되었습니다. 저의 직업이 이미 회복되었으니 또 어찌 상을 받을 수 있겠습니까?"

　왕이 명령하였다. "억지로라도 그에게 상을 주어라."

　도양열이 말했다. "왕이 나라를 잃은 것은 저의 잘못이 아닙니다. 그래서 감히 징벌을 받을 수 없습니다. 마찬가지로 왕이 나라로 돌아온 것도 저의 공이 아니므로 감히 그 상을 받지 못하겠습니다."

　왕이 신하에게 명령했다. "나를 만나러 오게끔 하라."

　도양열이 말했다. "초나라의 법령은 반드시 무거운 상이나 큰 공이 있는 사람이 왕을 알현할 수 있습니다. 지금 저의 지혜는 나라를 보위할 수 없고, 저의 용기는 침략자인 오나라 군대를 죽일 수도 없습니다. 오나라 군대가 우리의 수도인 영郢에 침입하자 저는 병란이 두려워서 적군을 피하였지, 일부러 왕을 호위하러 따라간 것이 결코 아닙니다. 그런데도 지금 왕이 초나라의 법령을 폐지하고 규정을 파괴하면서까지 저를 만나려고 하십니다. 이렇게 제가 세상에 알려지게 되어서는 안 됩니다."

왕이 장군 사마자기司馬子綦에게 말했다. "도양열이 처해 있는 위치는 낮으나 이치를 말하는 것은 수준이 높고 깊다. 그대는 나를 위하여 그를 불러 최고의 관직인 삼공三旌을 담당케 하라."

도양열이 말했다. "저는 삼공의 직위가 도살하는 가게를 차리는 것보다도 더 높다는 것을 알며, 그 관직에게 주는 만종이나 되는 봉급이 도살에 의지하는 이익보다 풍성하다는 것을 압니다. 그러나 어떻게 관직을 탐내어 우리 왕이 함부로 상을 준다는 나쁜 평판을 얻게 할 수 있겠습니까? 저는 감히 받지 않겠습니다. 다시 저의 양을 잡는 일로 돌아가기를 바랄뿐입니다."

그리고는 끝내 상을 받지 않았다.

....

양을 도살하는 천한 직업을 지닌 열을 득도자의 화신처럼 등장시킨 이야기다. 고관대작을 받지 않겠다는 설명의 이면에는 부귀영화가 결코 자신을 평안히 해줄 수 없다는 초연함이 깃들어 있다. 고관대작이 부귀영화를 가져다주기도 하지만 이보다 더 큰 몸을 편안하게 해줄 수는 없다는 것을 깨달은 것이다. 작록을 탐내지 않고 자기 일을 천직으로 알고 살아가는 사람의 절조 있는 삶도 드러난다.

《장자》에서는 당시 천한 신분의 직업을 가진 자들의 입을 빌려서 포악하거나 권력욕에 눈 먼 군주들을 조롱하는 우언이 다수 등장한다.

屠羊說辭賞
도양열사상

楚昭王失國, 屠羊說走而從於昭王. 昭王反國, 將賞從者, 及屠
초소왕실국, 도양열주이종어소왕. 소왕반국, 장상종자, 급도

羊說. 屠羊說曰 "大王失國, 說失屠羊; 大王反國, 說亦反屠羊.
양열. 도양열왈 "대왕실국, 열실도양; 대왕반국, 열역반도양.

臣之爵祿已復矣, 又何賞之有哉!" 王曰 "强之!" 屠羊說曰 "大王
신지작록이복의, 우하상지유재!" 왕왈 "강지!" 도양열왈 "대왕

失國, 非臣之罪, 故不敢伏其誅; 大王反國, 非臣之功, 故不敢當
실국, 비신지죄, 고불감복기주; 대왕반국, 비신지공, 고불감당

其賞." 王曰 "見之!" 屠羊說曰 "楚國之法, 必有重賞大功而後得見,
기상." 왕왈 "견지!" 도양열왈 "초국지법, 필유중상대공이후득현,

今臣之知不足以存國而勇不足以死寇. 吳軍入郢, 說畏難而避寇,
금신지지부족이존국이용부족이사구. 오군입영, 열외난이피구,

非故隨大王也. 今大王欲廢法毀約而見說, 此非臣之所以聞於天
비고수대왕야. 금대왕욕폐법훼약이견열, 차비신지소이문어천

下也. 王謂司馬子綦曰 "屠羊說居處卑賤而陳義甚高, 子其爲我
하야. 왕위사마자기왈 "도양열거처비천이진의심고, 자기위아

延之以三旌之位." 屠羊說曰 "夫三旌之位, 吾知其貴於屠羊之
연지이삼정지위." 도양열왈 "부삼정지위, 오지기귀어도양지

肆也, 萬鍾之祿, 吾知其富於屠羊之利也, 然豈可以貪爵祿而使
사야, 만종지록, 오지기부어도양지리야, 연기가이탐작록이사

吾君有妄施之名乎! 說不敢當, 願復反吾屠羊之肆." 遂不受也.
오군유망시지명호! 열불감당, 원부반오도양지사." 수불수야.

〈讓王〉
〈양왕〉

100. 차마 못 하는 짓
원헌은 병에 걸린 것이 아니다 原憲非病

공자의 제자 원헌原憲이 노魯 나라에 있을 때 사방 둘레가 겨우 한 평 정도의 작은 집에 살았다. 새로 베어 아직 마르지 않은 풀로 써 지붕을 이었고, 쑥으로 짜서 만든 문이 온전치 않아 틈새가 많았으며, 뽕나무 가지를 사용하여 지도리를 만들었다. 두 개로 나뉜 방에는 깨진 항아리로 만든 들창이 있는데, 그 틈새를 찢어진 옷이나 떨어진 헝겊으로 막고 있었다. 위로는 비가 새고 아래로는 습했지만, 원헌은 바르게 앉아서 거문고를 연주하고 노래를 부르고 있었다.

공자의 제자 자공子貢이 큰 수레를 타고 원헌을 방문하러 갔다. 그 수레는 큰 말이 끄는데 지붕이 있고 앞쪽이 높았으며, 감청색의 내부 치장과 흰색의 덮개로 꾸며졌다. 큰 수레가 비좁은 골목을 지날 수 없게 되자 걸어서 원헌을 찾아가 만났다. 원헌은 자작나무 껍질로 만든 관을 쓰고, 발꿈치가 없는 신을 신고, 명아주 지팡이를 손에 쥐고 문을 열며 맞이하였다.

자공이 말했다. "아이구야, 선생은 어찌하여 병에 걸리셨습니까?"

원헌이 대답했다. "제가 듣기에는 재물이 없는 것을 가난이라 일컫고, 이치를 배우고도 실천하지 못하는 것을 병든 것이라 합니다. 지금 저는 가난한 것일 뿐, 병에 걸린 것이 아닙니다."

자공이 엉거주춤하며 부끄러운 기색을 보이자 원헌이 웃으며 말했다. "세속에 영합하여 행동하고, 작당을 하여 교제하며, 다른 사람의 칭찬을 듣기 위해 열심히 배우고, 자신을 자랑하기 위해 가르치며, 인의仁義를 내걸고 악을 행하면서 화려하게 장식된 높은 수레와 큰 말을 추구하는 것을 저는 차마 하지 못합니다."

....

공자의 제자 가운데 자공은 부유했고 원헌은 가난했다. 자공은 외교와 상업에도 수완이 있는 제자로서 당시 재상 자리에 있었고, 원헌은 글짓기를 잘하는 제자로서 궁핍하게 은거하였지만 안빈낙도安貧樂道 생활을 하고 있었다. 다 같이 공자의 72 제자의 한 사람이지만 여기서는 유가와 도가를 대표한 듯이 묘사되어 있다. 세상에는 돈과 지위에 대해서 자공이나 원헌과 같이 처신하는 부류가 있다.

이 우언에서 유래된 고사성어

원헌빈原憲貧, 원빈原貧, 원헌감빈原憲甘貧, 빈비병貧非病 : 가난한 생활을 하면서도 편안한 마음으로 도를 즐긴다는 뜻이다.

原憲非病
원헌비병

原憲居魯, 環堵之室, 茨以生草, 蓬戶不完, 桑以爲樞而甕牖二室,
원헌거노, 환도지실, 자이생초, 봉호불완, 상이위추이옹유이실,

褐以爲塞; 上漏下濕, 匡坐而弦歌. 子貢乘大馬, 中紺而表素, 軒車
갈이위색; 상누하습, 광좌이현가. 자공승대마, 중감이표소, 헌차

不容巷, 往見原憲. 原憲華冠縱履, 杖藜而應門. 子貢曰: "嘻! 先生
불용항, 왕현원헌. 원헌화관쇄리, 장려이응문. 자공왈: "희! 선생

何病?" 原憲應之曰: "憲聞之, 無財謂之貧, 學而不能行謂之病.
하병?" 원헌응지왈: "헌문지, 무재위지빈, 학이불능행위지병.

今憲貧也, 非病也." 子貢逡巡而有愧色. 原憲笑曰: "夫希世而行,
금헌빈야, 비병야." 자공준순이유괴색. 원헌소왈: "부희세이행,

比周而友, 學以爲人, 敎以爲己, 仁義之慝, 輿馬之飾, 憲不忍爲也."
비주이우, 학이위인, 교이위기, 인의지특, 여마지식, 헌불인위야."

〈讓王〉
〈양왕〉

100. 차마 못 하는 짓_원헌은 병에 걸린 것이 아니다 原憲非病 **263**

101. 안빈낙도 Ⅰ
증자가 위나라에 살다 曾子居衛

공자의 제자 증자曾子가 위衛 나라에 살 때, 헌 솜을 넣어 만든
옷을 입었는데 겉이 해져서 없어질 정도였다. 안색은 얼굴이 부어
서 꼴사납고, 손발은 굳은살이 박혀있었다. 이삼일 동안이나 불을
때지 못하고 밥도 짓지 못했으며, 십여 년이 지나도 새 옷 한번
입지 못했다. 갓을 바로 잡으면 갓끈이 끊어지고, 옷깃을 여미면
팔꿈치가 드러났으며, 삼으로 만든 신을 신으면 신발의 뒤꿈치가
찢어졌다.

그러나 신발을 끌면서 《시경》에서 조상의 공덕을 찬양하고 신
에 제사 지내는 내용의 한 소절인 상송商頌을 읊으면 노랫소리가
천지에 가득 찼는데, 마치 타악기로부터 나오는 소리인 듯하였다.

....

여기서는 증자가 가난한 생활을 하지만 천자나 제후도 그를 신하로
삼거나 벗할 수 없는 떳떳한 품위를 유지한다는 이야기를 전하고 있다.
뜻을 기르는 자는 몸을 잊고, 몸을 기르는 자는 이익을 잊으며, 도를
추구하는 자는 마음을 잊는다는 이치대로 살아가고 있다.

《논어》에서 일삼성日三省으로 잘 알려진 증자를 이야기 소재로 삼았
다. 하루 세 가지 반성 가운데 전수받은 공부를 익숙하게 해야 된다는

것이 포함된다. 《시경》은 스승인 공자도 중요시했기 때문에 열심히 익힐 것을 강조한 경전이다. 《시경》은 풍, 아, 송으로 크게 나뉜다. 그 가운데 송은 관대하고 편안하며, 고요하고 부드러운 성품을 지닌 사람이 부르기에 좋다고 하였다. 그 중에서도 《시경 상송》편은 귀족들이 조상의 공덕을 찬양하는 노래로서, 솔직하며 자애로운 사람이 좋아하는 노래 가사이다.

曾子居衛
증자거위

曾子居衛, 縕袍無表, 顔色腫噲, 手足胼胝, 三日不擧火, 十年不
증자거위, 온포무표, 안색종쾌, 수족변지, 삼일불거화, 십년부

制衣. 正冠而纓絕, 捉襟而肘見, 納屨而踵決. 曳縱而歌《商頌》,
제의. 정관이영절, 착금이주현, 납구이종결. 예종이가《상송》,

聲滿天地, 若出金石. 〈讓王〉
성만천지, 약출금석. 〈양왕〉

102. 안빈낙도 Ⅱ
안회가 관직을 원하지 않다 顔回不仕

공자가 제자인 안회顔回에게 말했다. "회야, 이리 와 보거라! 집이 가난하여 비천하게 살면서 어찌 관직을 맡지 않느냐?"

안회가 대답하였다. "관직을 원하지 않습니다. 저는 성 밖에 쉰 이랑의 밭이 있어, 충분히 죽을 먹을 수 있습니다. 성안에는 열 이랑의 밭이 있어, 충분히 실과 삼으로 옷을 지어 입을 수 있습니다. 거문고를 튕기며 충분히 스스로 즐길 수 있고, 선생님의 도리를 배우는 것으로도 충분히 스스로 즐거울 수 있습니다. 그러므로 저는 관직을 원하지 않습니다."

공자가 감동하여 얼굴색을 바꾸고 말하였다. "훌륭하도다! 너의 뜻이여! 내가 듣건대, '만족을 아는 사람은 이익 때문에 스스로 얽매이지 않고, 확실하게 스스로 체득한 사람은 이익을 잃어도 걱정하지 않으며, 내면을 수양하는 사람은 관직이 없어도 부끄러워하지 않는다.'고 하였다.

나는 이 말을 오래도록 외우고 있었다. 이제 너에 이르러서야 비로소 실천이 되고 있음을 보게 되었다. 이것이 나의 큰 소득이다."

　가난함을 자연의 명命으로 삼아 이를 편안히 여기는 안회를 예로 들어 자족自足 자득自得할 줄 알고 내면을 수양한 사람은 이익 따위로 스스로를 연루되게 하지 않고 근심하지 않으며 관직이 없어도 이를 부끄럽게 여기지 않음을 이야기하였다.

　《논어 옹야》에도 공자가 안빈낙도하는 안회를 칭찬하고 있는 대목이 나온다. 안회의 처세를 제시하면서 부귀라는 이익을 위해 자신의 마음을 번거롭게 하지도 않고 이를 부끄러워하지 않는 자세를 추켜세우고 있다. 한편으로 이와 반대의 길을 걷고 있는 유자들의 행동을 반유하고 있기도 하다.

顔回不仕
안회불사

孔子謂顔回曰: "回, 來! 家貧居卑, 胡不仕乎?" 顔回對曰: "不願仕.
공자위안회왈: "회, 래! 가빈거비, 호불사호?" 안회대왈: "불원사.

回有郭外之田五十畝, 足以給飦粥; 郭內之田十畝, 足以爲絲麻,
회유곽외지전오십무, 족이급전죽; 곽내지전십무, 족이위사마,

鼓琴足以自娛, 所學夫子之道者足以自樂也. 回不願仕." 孔子
고금족이자오, 소학부자지도자족이자락야. 회불원사." 공자

愀然變容, 曰: "善哉, 回之意! 丘聞之: '知足者, 不以利自累也;
초연변용, 왈: "선재, 회지의! 구문지: '지족자, 불이리자루야;

審自得者, 失之而不懼; 行修於內者, 無位而不怍.' 丘誦之久矣,
심자득자, 실지이불구; 행수어내자, 무위이부작.' 구송지구의,

今於回而後見之, 是丘之得也." 〈讓王〉
금어회이후견지, 시구지득야." 〈양왕〉

103. 도적의 두목이 공자를 꾸짖다
미생은 다리 기둥을 안고 尾生抱柱

노魯 나라의 미생尾生이라는 사람이 여자와 다리 밑에서 만나기로 약속을 하였다. 여자는 오지 않았다. 물이 차 올라왔다. 미생은 다리 밑을 떠나지 않고 다리의 기둥을 붙잡고 있다가 물에 빠져 죽었다.

....

공자와 도척 등의 긴 대화 가운데 일부분이다. 도척盜跖이 유가의 예교주의가 갖는 위선적인 허점을 신랄하게 공격하는 내용이다. 도척은 선진 시대 여러 책에서 언급되는 당시 최대 대규모의 도적 집단의 두목이다. 평민들 봉기의 핵심 인물이다. 유가의 최고 성인으로 추앙되는 요 임금 때부터 가식적인 윤리와 언행불일치의 감언이설로 통치 집단들의 기득권을 옹호하는 관료조직이라는 도구를 만들었다고 공격하였다.
이 이야기 앞에는 유가에서 강요하는 위선적인 윤리에 짓눌려 아까운 생명을 잃은 유명 인물들의 행적이 얼마나 가식적인가를 보여주기 위해 6명의 인물을 등장시킨다. 군주의 자리를 사양하고 수양산에서 굶어 죽은 백이伯夷와 숙제叔齊, 청렴하고 고상한 척하면서 세상을 비난하다가 나무를 껴안고 죽은 포초鮑焦, 간언을 받아들이지 않자 돌을 안고 스스로 황하에 몸을 던진 신도적申徒狄, 문공文公에게 넓적다리를 베어주었으나 문공이 배신하자 이에 분노하여 나무를 안고 불에 타 죽은

268

개자추介子推의 이야기가 있다.

　도척은 미생을 포함한 여섯 사람 모두가 명예를 중시하고 죽음을 가볍게 여긴 나머지, 근본으로 돌아가는 양생을 소홀히 하여 천수를 다하지 못했다고 비판한다. 명예를 위해 참된 성품을 의혹시켜 억지로 성정性情을 위배하는 것은 위선僞善에 불과하며, 나아가 위선으로써 천하를 미혹시켜 이로움을 구하는 것은 도척보다 나은 것이 없다는 뜻을 도척 자신의 입을 통해 밝히고 있는 것이다.

이 우언에서 유래된 고사성어

미생포주尾生抱柱, 미생지신尾生之信, 수지불거水至不去 : 융통성 없이 미련하게 약속을 지킨다는 뜻이다.

尾生抱柱
미생포주

尾生與女子期於梁下, 女子不來, 水至不去, 抱梁柱而死. 〈盜跖〉
미생여여자기어량하, 여자불래, 수지불거, 포량주이사. 〈도척〉

104. 근본을 몰라 제풀에 죽음
그림자가 두렵고 발자국이 싫다 畏影惡迹

그림자를 두려워하고 발자국을 싫어하여 그것들을 떨쳐내려고 내달린 사람이 있었다. 발을 들면 들수록 발자국이 많아졌고, 빠르게 달리면 달릴수록 그림자가 몸에서 떨어지지 않았다. 그 사람은 자신이 아직도 느리기 때문이라고 여겨 쉬지 않고 질주하다가 힘이 다하여 죽어버리고 말았다.

그 사람은 그늘진 곳에 머물러 그림자를 사라지게 할 줄 모르고, 가만히 멈추어서 발자국을 없어지게 할 줄 모르니 매우 어리석을 따름이다!

....

햇빛에 보이면 그림자가 생기고, 발을 움직이면 발자국이 생기는 것은 자연스러운 현상이다. 이 사람은 그림자와 발자국이 생기는 근원적인 이치를 생각하지 못하고, 억지로 현상만을 모면하려다가 하다가 목숨까지 잃었다. 억지가 빚은 비극이다.

공자와 이러한 대화를 이어가는 어부는 공자도 이와 마찬가지로 세상을 바삐 주유하면서 유세하러 다닌다면 큰 화를 면치 못할 것이라고 경고를 하는 것이다.

자연의 흐름이라는 근본 이치를 외면하고 인위적인 예악제도나 인륜

도덕 같은 현상에 빠져 있는 공자를 여기에 비유한 것이다.

외영오적 畏影惡迹 : 자연스러운 이치를 파악하지 못하고 본성을 억지
로 거스르는 것을 의미한다.

畏影惡迹
외 영 오 적

人有畏影惡迹而去之走者, 擧足愈數而迹愈多, 走愈疾而影不離身,
인유외영오적이거지주자, 거족유수이적유다, 주유질이영불리신,

自以爲尚遲, 疾走不休, 絕力而死. 不知處陰以休影, 處靜以息迹,
자이위상지, 질주불휴, 절력이사. 부지처음이휴영, 처정이휴적,

愚亦甚矣! 〈漁父〉
우역심의! 〈어부〉

105. 세속의 공자
성인이 도를 따르다 聖人遵道

어부는 느리게 갈대 사이를 따라 배를 저어 떠나갔다. 이에 안연顏淵이 수레를 돌리고, 자로子路는 수레에 오를 때 당기는 줄을 건네 드렸으나, 공자孔子는 돌아다보지도 않았다. 공자는 파랑이 멎고 노를 젓는 소리가 들리지 않고 나서야 감히 수레에 올랐다.

자로가 수레에 기대어 물었다. "제가 선생님을 모신 지 오래되었는데 이와 같이 사람을 존경하고 심복하시는 것을 본 적이 없습니다. 만 승의 전차를 가진 대제후도, 천 승의 전차를 가진 소제후도 선생님을 만나면 대등하게 대우하지 않은 적이 없었습니다. 그럴 때 마다 선생님께서는 여전히 매우 오만한 표정이셨습니다.

그러나 지금 어부가 노를 집고 마주 보고 서 있는데 선생님께서는 구부러진 악기인 경磬처럼 허리를 굽히시고, 대화할 때마다 절하면서 응대하시니 너무 과한 것이 아니겠습니까? 제자들이 모두 선생님이 이러시는 것을 기이하게 여깁니다. 어부는 어찌 이렇게 예우를 받을 수 있습니까?

공자가 수레 난간에 기대어 탄식하여 말했다. "…… 도가 있는 곳, 성인은 그것을 존중한다. 지금 어부는 도를 갖추고 가지고 있다고 말할 수 있으니, 내가 어찌 감히 존중하지 않겠는가!"

272

제후와 동등하게 대우 받았던 공자가 도리어 어부를 더 높이고 깍듯이 대우했다고 하는 것은 이제 형식적인 인륜을 중시하지 않고 본질적인 도를 중시했기 때문이다. 이처럼《장자》에서는 도는 지위나 권력 같은 것들과 거리가 먼 것임을 주장한다.

어부에게 공자가 굽실거리며 황송해하는 모습을 보인 것은 어부가 득도자의 상징으로 묘사되었기 때문이다. 지위를 떠나 도의 여부에 따라 사람을 대하는 것이다. 앞 이야기와 마찬가지로 공자와 어부의 대화를 빌어 인위의 가식을 버리고 자연의 품성을 따를 것을 권면하는 내용이다.

이 우언에서 유래된 고사성어

분정항례分庭抗禮 : 동등한 자격으로 대하는 것을 의미한다. 고대에는 손님이 주인을 만날 때에 정원 서쪽에서 서서 동쪽의 주인을 향하여 서로 예를 행했으므로 평등한 예절로써 서로 만남을 뜻한다.

聖人遵道
성인준도

客 …… 乃刺船而去, 延緣葦間. 顏淵還車, 子路授綏, 孔子不顧,
객 …… 내 척 선 이 거, 연 연 위 간.

待水波定, 不聞拏音而後敢乘. 子路旁車而問曰: "由得爲役久矣,
대 수 파 정, 불 문 라 음 이 후 감 승. 자 로 방 거 이 문 왈: "유 득 위 역 구 의,

未嘗見夫子遇人如此其威也. 萬乘之主, 千乘之君, 見夫子未嘗
미상견부자우인여차기위야. 만승지주, 천승지군, 견부자미상

不分庭伉禮, 夫子猶有倨傲之容. 今漁父杖拏逆立, 而夫子曲要
불분정항례, 부자유유거오지용. 금어부장라역립, 이부자곡요

磬折, 言拜而應, 得無太甚乎? 門人皆怪夫子矣, 漁父何以得此乎?"
경절, 언배이응, 득무태심호? 문인개괴부자의, 어부하이득차호?"

孔子伏軾而歎曰: " …… 道之所在, 聖人尊之. 今漁父之於道, 可謂
공자복식이탄왈: " …… 도지소재, 성인존지. 금어부지어도, 가위

有矣, 吾敢不敬乎!" 〈漁父〉
유의, 오감불경호!" 〈어부〉

106. 분수를 어긴 형벌
정 나라 사람 완이 자살하다 鄭緩自殺

정나라 사람 완緩이 구씨裘氏라는 땅에서 책을 읽었는데, 겨우 3년 만에 완은 유학자가 되었다. 그러자 마치 황하가 깊고 넓게 구리九里의 땅을 적시듯이 그의 은택도 부, 모, 처의 삼족에 미치게 되었으며, 그의 동생도 묵학을 배우게 하였다. 두 형제가 서로 유가와 묵가로서 따질 때마다 그의 아버지는 묵가의 편을 들었다. 그러다가 10년이 지난 뒤에 완이 자살하였다.

어느 날 그의 아버지가 꿈을 꾸었는데 완이 나타나서 말했다. "당신의 아들을 묵가로 만든 사람은 저였습니다. 왜 아직도 저의 무덤을 살펴보지 않으십니까? 이미 개오동나무와 측백나무가 열매를 맺었는데도요."

....

이 글에서는 정나라 사람 완의 아집을 이야기하고 있다.

저절로 샘솟는 샘물이 없다면 우물을 팔 수 없다. 그런데도 세상 사람들은 우물을 판 자신의 지엽적인 공만을 생각한다. 당시 유가, 묵가 등의 학파들이 모두 자신의 주장만을 옳다고 여기고 상대의 주장을 그르다고 하는 풍조가 만연했다. 완이라는 사람도 동생이 천성적으로 묵학에 맞는 것을 모르고 꿈속에서까지 자기의 공이라고 잘난 척 했다. 그리고 스스로 결국 죽음을 피하지 못한 것이다. 그래서 옛 부터 타고난 하늘의 분수를 벗어나 자기의 힘이라고 착각하는 것을 두고 하늘을 어겨서 얻은 형벌(둔천지형遁天之刑)이라고 했다.

鄭緩自殺
정 완 자 살

鄭人緩也 呻吟於裘氏之地. 祗三年而緩爲儒, 河潤九里, 澤及三族,
정인완야 신음어구씨지지. 지삼년이완위유, 하윤구리, 택급삼족,

使其弟墨. 儒墨相與辯, 其父助翟. 十年而緩自殺. 其父夢之曰,
사기제묵. 유묵상여변, 기부조적. 십년이완자살. 기부몽지왈,

"使而子爲墨者予也. 闔嘗視其良, 旣爲秋柏之實矣?" 〈列禦寇〉
"사이자위묵자여야. 합상시기량, 기위추백지실의?" 〈열어구〉

107. 허황된 짓
용을 죽이는 기술 屠龍之技

주평만朱泙漫이 지리익支離益으로부터 용을 죽이는 기술을 배우고자 천금이나 되는 가산을 소진하였다. 3년 만에 기술을 배워 이루었으나 그의 기술을 발휘할 곳이 없었다.

....

용을 잡는 기술은 불필요한 일이다. 이렇게 보통 사람들은 필요하지 않은 것조차도 꼭 필요하다고 여긴다. 그래서 정력을 쓸데없는 일에 소모하고 갈등을 자초하고 망한다. 반면에 성인은 필요한 것조차도 고집하지 않는다.

용이라는 동물은 자연의 상징물이다. 그것을 잡는 기술은 너무도 허황되고 불필요한 일이다. 옛 사람은 자연을 따르며 인위적인 일을 하지 않았다고 장자는 말한다. 성인은 꼭 그러해야만 한다고 해도 고집은 하지 않으며, 범인은 꼭 그럴 필요가 없어도 고집을 부려 갈등이나 다툼이 많다. 욕구가 많고 갈등이나 다툼대로 행동하기 때문에 망하게 된다.

이 우언에서 유래된 고사성어

도룡지기屠龍之技, 도룡屠龍, 도룡수屠龍手 : 세상에서 쓸모없는 기술을 이르는 말이다.

屠龍之技
도룡지기

朱汗漫學屠龍於支離益, 單千金之家, 三年技成而無所用其巧.
주평만학도룡어지리익, 단천금지가, 삼년기성이무소용기교.

〈列禦寇〉
〈열어구〉

108. 치질을 핥는다
조상이 수레를 얻다 曹商得車

송宋 나라 조상曹商이라는 사람이 송나라 왕을 위하여 진秦 나라로 사신을 갔다. 조상이 갈 때는 네 필의 말이 끄는 수레 몇 대를 얻었는데, 올 때는 진나라 왕이 조상을 높이 평가하여 수레 백 대를 더 보태주었다.

조상이 송나라에 되돌아와 장자를 보고 말했다. "비좁고 더러운 뒷골목에 살면서 궁색하게 신발이나 삼으며, 여위어 목뼈가 튀어나오고, 영양부족으로 얼굴이 누렇게 뜬 모습으로 사는 것을 저 조상은 잘 못합니다. 그러나 단번에 만승의 수레를 보유한 군주를 깨우쳐 주고 백 대의 전차를 따르게 하는 것은 저의 장기입니다."

장자가 말했다. "듣기로 진나라 왕이 병이 나서 의원을 불렀다고 합니다. 머리에 생긴 종기를 째고 작은 종기를 절개한 의원은 수레 한 대를 얻을 수 있고, 치질을 핥는 자는 수레 다섯 대를 얻을 수 있다고 합니다. 치료하는 방법이 비천할수록 수레를 더욱 많이 얻을 수 있습니다. 그대는 혹시 진왕의 치질을 고쳐준 게 아닙니까? 어찌 그렇게도 많은 수레를 얻을 수 있었습니까? 그대는 물러가시오."

이 대목에서는 조상의 사례를 빌어 수단을 가리지 않고 이익과 명예를 추구하는 사람들을 풍자하였다. 권력자에게 아첨하여 이익을 차지하는 천박함을 경멸한 내용이다. 장자는 아부를 통해 부귀영화를 누리는 것이 많을수록 그만큼 비열함에 기댄 증좌라고 통박하고 있다. 남의 마음을 일부러 기쁘게 해줘서 이익을 보는 것은 본성을 상실하는 것이다.

이 우언에서 유래된 고사성어

윤옹지치吮癰之痔, 옹윤癰吮 : 원래 치질을 핥는다는 뜻이지만, 오늘날에는 수단을 가리지 않고 이익과 명예를 추구하는 사람들을 가리킨다.

曹商得車
조상득차

宋人有曹商者, 爲宋王使秦. 其往也, 得車數乘. 王說之, 益車百乘.
송인유조상자, 위송왕사진. 기왕야, 득차수승. 왕열지, 익차백승.

反於宋, 見莊子, 曰: "夫處窮閭陋巷, 困窘織屨, 槁項黃馘者, 商之
반어송, 견장자, 왈: "부처궁려누항, 곤궁직구, 고항황괵자, 상지

所短也; 一悟萬乘之主而從車百乘者, 商之所長也." 莊子曰: "秦王
소단야; 일오만승지주이종거백승자, 상지소장야." 장자왈: "진왕

有病召醫. 破癰潰痤者得車一乘, 舐痔者得車五乘, 所治愈下,
유병소의. 파옹궤좌자득거일승, 지치자득거오승, 소치유하,

280

得車一乘, 舐痔者得車五乘, 所治愈下, 得車愈多. 子豈治其
득거일승, 지치자득거오승, 소치유하, 득거유다. 자기치기

痔邪? 何得車之多也? 子行矣!" 〈列禦寇〉
치야? 하득거지다야? 자행의!" 〈열어구〉

109. 잠자는 용의 보물
검은 용을 찾아 구슬을 얻다 探驪得珠

어떤 가난한 사람이 강가에서 갈대로 발을 짜는 데 의지하여 생활하였다.

어느 날 그의 아들이 깊은 못 안까지 들어가 천금의 가치가 있는 구슬을 건졌다. 그 아버지가 자식에게 말했다. "돌로 이 구슬을 부수어 버려라. 이 천금의 가치가 있는 구슬은 틀림없이 매우 깊은 연못에 있는 검은 용의 아래턱 밑에 있었을 것이다. 네가 구슬을 얻을 수 있었던 것은 틀림없이 그 검은 용이 자고 있을 때 보았기 때문이다. 만약 검은 용이 잠에서 깨어 있었더라면 너는 어떻게 여태까지 남아 있을 수 있었겠느냐?"

....

여기서 장자는 사람의 목숨은 그 무엇보다 귀중한 것으로, 구슬이 아무리 귀하더라도 목숨을 잃으면 소용이 없다는 이치를 설명한다.

권력자로부터 총애를 받아 영화를 차지하는 것이 자랑거리가 아니라, 얼마나 위험한지를 깨닫지 못함을 비유하고 있다. 잠자고 있는 용이었기에 얻은 우연한 행운은 언제든지 그 반대의 위험과 불행을 안고 있기 때문이다.

탐려멱주探驪覓珠, 탐주려함探珠驪頷, 탐려探驪, 탐주探珠, 용함적주龍
頷摘珠, 탐려득주探驪得珠, 탐려획주探驪獲珠 : 원래 흑룡의 턱 밑에서
구슬을 얻는다는 뜻으로서, 위험을 무릅쓰고 큰 이익을 얻는다는 의미
였다. 오늘날에는 용어 선택을 적절히 해서 문장의 핵심을 잘 나타내고
있다는 뜻으로도 사용되고 있다.

探驪得珠
탐려득주

河上有家貧恃緯蕭而食者, 其子沒於淵, 得千金之珠. 其父謂其
하상유가빈시위소이식자, 기자몰어연, 득천금지주. 기부위기

子曰:'取石來鍛之! 夫千金 之珠, 必在九重之淵而驪龍頷下.
자왈: '취석래단지! 부천금지주, 필재구중지연이려용함하.

子能得珠者, 必遭其睡也. 使驪龍而寤, 子尚奚微之有哉!
자능득주자, 필조기수야. 사려용이오, 자상해미지유재!

〈列禦寇〉
〈열어구〉

110. 때늦은 후회
희생당한 소의 옷과 음식 犧牛衣食

그대는 저 제사 지낼 때 쓰는 순색의 소를 보지 못하였는가?
화려한 무늬로 수놓은 옷을 입고 풀과 콩을 먹다가, 때에 이르면
잡아끌려 왕실의 종묘宗廟에 들어가게 된다. 그제서야 돌봄 없는
송아지가 되고자 한들 어찌 그리할 수 있으리오!

....

장자가 초빙을 거절하며 한 이야기이다. 장자는 제사에 쓰이는 소의
이야기를 통해 관직의 영예로움은 한때에 불과할 뿐, 어느 때에 다다르
면 군왕의 필요에 의해 희생될 수 있음을 경계하였다.

많은 사람들이 기웃거리는 권력이라는 마약에 대해서 장자는 〈추수〉
편의 거북이 사례에서 보았듯이 재상 자리를 단호하게 거절하였다. 권
력의 정점에 있는 권력자 군주에게 이용당하다가 결국 비참한 최후를
맞는 역사적 사례는 부지기수다. 장자는 이를 희생용 소처럼 후회해도
이미 때늦은 상황에 비유하고 있다.

이 우언에서 유래된 고사성어

장주외희莊周畏犧 : 희생이 되기를 두려워하는 장주莊周라는 뜻으로서,
초빙을 거절하는 은사隱士를 의미한다.

犧牛衣食
희우의식

子見夫犧牛乎? 衣以文繡, 食以芻叔, 及其牽而入於太廟, 雖欲
자견부희우호? 의이문수, 사이추숙, 급기견이입어태묘, 수욕

爲孤犢, 其可得乎! 〈列禦寇〉
위고독, 기가득호! 〈열어구〉

111. 장자의 유언

죽음을 앞둔 장자 莊子將死

장자가 막 죽음을 눈앞에 두고 있었다. 제자들은 그의 장례를 성대하게 치르고자 하였다. 장자가 말했다. "나는 하늘과 땅을 관으로 여기고, 해와 달을 한 쌍의 둥글고 큰 옥으로 여기며, 별들을 시신의 입에 넣는 구슬로 여기고, 만물을 저승길의 장례품으로 여길 것이다. 나의 장례 도구가 어찌 완비된 것이 아니겠는가? 여기에 무엇을 더 더하리오!"

제자가 말했다. "저희는 까마귀와 솔개가 선생님을 쪼아 먹을까 두렵습니다."

장자가 말했다. "땅 위에서는 까마귀와 솔개의 먹이가 되고, 땅 아래에서는 땅강아지나 개미의 먹이가 된다. 까마귀와 솔개의 것을 빼앗아 땅강아지와 개미에게 주다니 어찌 그리 편파적인가!"

....

장자의 우언은 장자의 죽음에서 끝이 난다.

생명체에게 죽음의 문제보다 더 절실한 것은 없다. 이 죽음의 문제를 누구도 명확하게 언급할 수 없다. 불교에서도 생로병사를 네 고통이라고 말한다. 하나밖에 없는 생명인데 죽음이 어찌 고통스럽지 않겠는가?

그 생명을 두고 누군가는 불로장생을 위해 힘쓰고, 누군가는 허무한 인생을 비관하여 절명하기도 하고, 누군가는 가치 있는 대상을 위해 바치기도 한다. 죽음에 관한 태도는 개인의 가치관이나 인생관을 결정짓는 중요한 요인이다.

장자는 삶과 죽음을 하나로 여기는 생사일여론을 피력하고 있다. 살아가는 과정이 바로 죽어가는 과정이기도 하다. 태어나기 이전을 내가 모르고 받아들였듯이 죽음 이후 역시 내가 모른 채로 받아들여만 한다. 그것이 불가피한 숙명이다. 그래서 여기에 슬픔이나 괴로움은 개재될 수 없다.

보통 탄생은 생명의 시작이고 죽음은 생명의 끝이라고 여긴다. 그러나 장자는 죽음을 특별한 무엇으로 여기지 않고, 죽음이란 새로운 순환의 또 다른 시작으로 보았다.

붕새의 비상과 같은 절대적 해방론을 주장하는 그에게 장례의 형식은 안중에도 없을 것이다. 유가는 후장厚葬을, 묵가는 박장薄葬을 주장했지만, 장자는 아예 장례를 치르지 않는 부장不葬을 언급한 것이다.

장자는 그의 아내의 죽음에서도, 그 자신의 임종을 눈앞에 두고서도, 노자의 죽음에 대한 진일의 입을 통해서도, 죽음에 관한 문제를 삶과 분리시키지 않았다.

이 세상에 태어난 것도 이 세상을 떠난 것도 모두 하늘의 때에 따른 것뿐이다. 그래서 탄생과 사망을 모두 편안하게 여기는 안시처순安時處順을 마치 꼭지에 거꾸로 매달렸던 꽃이 자연스럽게 풀려 지듯이 편안한 것이라고 하였다. 인간의 생사도 초목의 일생처럼 자연스러운 것이다. 그러기에 아내의 죽음 앞에서 타악기를 두드렸고, 자신의 장례도 치르지 말라고 했다.

죽음은 사시四時의 운행과도 같은 자연스러운 순환의 변화이므로 그 순리를 거스르지 말 것을 제자들에게 전하면서, 장자는 9만리 상공의 소요유의 길로 향했다.

莊子將死
장자장사

莊子將死, 弟子欲厚葬之. 莊子曰: "吾以天地爲棺槨, 以日月爲
장자장사, 제자욕후장지. 장자왈: "오이천지위관각, 이일월위

連璧, 星辰爲珠璣, 萬物爲賫送. 吾葬具豈不備邪? 何以加此!"
연벽, 성신위주기, 만물위재송. 오장구기불비야? 하이가차!"

弟子曰: "吾恐烏鳶之食夫子也." 莊子曰: "在上爲烏鳶食, 在下
제자왈: "오공오연지식부자야." 장자왈: "재상위오연식, 재하

爲螻蟻食, 奪彼與此, 何其偏也!" 〈列禦寇〉
위루의식, 탈피여차, 하기편야!" 〈열어구〉

288

참고서적

장자강의, 전호근, 2015, 동녘

장자철학 무엇인가, 이택용, 2017, 문사철

노자 장자, 장기근 이석호 역, 1987, 삼성출판사

장자를 읽다, 왕보(김갑수 역), 2004, 바다출판사

장자교양강의, 푸페이롱(심의영 역), 2011, 돌베개

장자 1,2,3, (이강수, 이권 역) 2005, 2019, 길

나는 장자다, 왕멍(허유영 역), 2011, 들녘

장자철학, 류소감(최진석 역), 1990, 소나무

장자, 기세춘 역, 2007, 바이북스

장자, 신동준, 2012, 인간사랑

장자우언선주, 두력·두홍(박종혁 주해), 2010, 학고방

| 역해자 소개 |

박종혁

현재 국민대 인문대학 중문학전공 교수. 인문대학 학장, 문예창
작대학원 원장, 한국도교문화학회 회장을 지냈고, 중국 청도대
북경사범대 교환교수, 북경대 한학연수기지 강좌교수, 미국
U.C.I 동아시아학과 visiting scholar를 거쳤다. 《해학 이기의 사
상과 문학》, 《두권으로 읽는 도덕경》, 《시경의 사랑 노래》, 《자
치통감》 등의 저 · 역서가 있다.

이순자

국민대 대학원 중문학 전공 박사과정을 수료했고, 논문으로
〈이백 음주시의 도가적 성향 연구〉가 있다.

한영걸

현재 국민대 중문학 전공 강사. 〈한비자 사상이 진 · 한시기에
끼친 영향 연구〉, 〈한비자의 우언과 법, 세, 술 사상의 연관성
연구〉, 〈한비자 우언이 중국 우언에 끼친 영향 - 유종원의 우언
을 중심으로〉, 〈장자 우언과 노신 소설의 비교 고찰 - 군자 소인
을 중심으로〉, 〈장자 우언의 신화 수용과 중국소설에 미친 영
향〉 등의 논문이 있다.

박재희

국민대 대학원 중문학 전공 박사과정을 수료했고, 논문으로
〈수호전에 나타난 여성형상 연구〉, 〈시경에 나타난 '새' 이미지
의 상징성-애정시를 중심으로〉가 있다.

이윤경

현재 국민대 인문사회연구소 재직. 국민대 대학원 중문학 전공
박사과정을 수료했고, 논문으로 〈왕유 망천집 연구〉가 있다.

심해深海에서 창공蒼空으로
장자 이야기 111편

초판 인쇄 2021년 8월 20일
초판 발행 2021년 8월 30일

편 저 자 | 두력(杜力)·두홍(杜紅)
역 해 자 | 박종혁·이순자·한영걸·박재희·이윤경
펴 낸 이 | 하운근
펴 낸 곳 | 學古房

주   소 | 경기도 고양시 덕양구 통일로 140 삼송테크노밸리 A동 B224
전   화 | (02)353-9908 편집부(02)356-9903
팩   스 | (02)6959-8234
홈페이지 | www.hakgobang.co.kr
전자우편 | hakgobang@naver.com, hakgobang@chol.com
등록번호 | 제311-1994-000001호

ISBN 979-11-6586-420-0 93510

값: 18,000원